BORDERLINE
A CURA É

Taty Ades

BORDERLINE A CURA É

impossível

© Publicado em 2019 pela Editora Isis.

Revisão de textos: Rosemarie Giudilli
Diagramação e capa: Décio Lopes

Dados de Catalogação da Publicação

Fox, Allen

Borderline: A Cura é Possível / Taty Ades | 1ª edição | São Paulo, SP | Editora Isis, 2019.

ISBN: 978-85-8189-124-8

1. Psicologia   2. Borderline   I. Título.

Proibida a reprodução total ou parcial desta obra, de qualquer forma ou por qualquer meio seja eletrônico ou mecânico, inclusive por meio de processos xerográficos, incluindo ainda o uso da internet sem a permissão expressa da Editora Isis, na pessoa de seu editor (Lei nº 9.610, de 19.02.1998).

Direitos exclusivos reservados para Editora Isis.

"Desconfie do destino e acredite em você. Gaste mais horas realizando que sonhando, fazendo que planejando, vivendo que esperando porque, embora quem quase morre esteja vivo, quem quase vive já morreu."

Sarah Westphal

Sumário

I'm possible 9
Prefácio 19
Descomplicando o TPB 23
Caso I – A criança que ainda chora dentro de mim 31
    O que são pessoas altamente sensíveis? 34
    Mitos e verdades sobre o TPB 39
Caso II – Uma linda mulher e suas cicatrizes 57
Caso III – Predador ou presa? 67
We´re possible 87
    Livrando-se da culpa 87
    Que tipo de parente eu sou? 91
    O borderline e a crise 94
    Validando o outro com limites 98
    Cuidando do corpo e da alma 100
    Montando um grupo de familiares de borderline 104
    Evitando o transtorno em seu filho 105
They´re possible 109
Relatos de cura 111

I'm possible

Foram tantas dores, muito sofrimento. Minha alma pedia por socorro.

Os sentimentos se misturavam. Ora era a impulsividade, ora o abandono, a rejeição, a ansiedade, o desespero, o medo – tudo fazia gritar minha alma humana.

Eu tinha apenas 4 anos e ali começava meu drama, pois eu não existia para minha mãe.

Eu era ignorada por ela. De todos os filhos, a única rejeitada era eu.

Cresci dessa maneira, e o resultado foi uma internação após o casamento das minhas filhas, quando a rejeição atingiu seu máximo.

Conheci o auge da dor, e esta se deu de tal forma que vieram as crises que me colocaram dentro de uma clínica por 16 dias, pois não havia mais lucidez.

Lá eu conheci um psiquiatra, muito competente, que me tirou do meu pior quadro.

Mas o drama não terminava ali.

Demorei um ano para chegar perto da normalidade e, para completar, descobri que era *borderline* – mais um problema a ser tratado.

Foi quando conheci a Taty Ades, especialista no assunto e diferentemente de todos que acreditam não haver cura para o *borderline*, ela acredita no contrário – prova disso é que já tem alguns pacientes curados.

O tratamento com a Taty foi muito eficiente e os sentimentos que me atormentavam, aos poucos, foram desaparecendo. Hoje sou outra pessoa.

Sou feliz e vivo um presente que não tem nada parecido com meu passado.

As angústias que invadiam meu coração e me deixavam deprimida, hoje não existem mais.

Não há solução para qualquer problema se ela não estiver dentro de você.

Só com muita dedicação e determinação se alcança a cura. É preciso ter muita fé e ser tratado com muito amor.

Mas sem nunca esquecer da disciplina, fundamental para o resultado positivo.

Se você estiver sofrendo desse mal que domina a humanidade, dedique-se, determine-se e discipline-se para atingir a tão sonhada cura.

Abraços!

Lili, 57 anos, ex-borderline

Eu quase morri. Mas estou viva.

Decidi desconfiar de tudo que pensava sobre mim e acreditar em uma cura.

Resolvi viver em vez de esperar melhorar. E, muito embora eu, de fato, tenha quase desistido de tudo e morrido, ainda vivo, e vivo bem viva.

Foram muitos relacionamentos malsucedidos, muitos surtos, muito choro, muita raiva. Muitos amigos, muitos namorados, muitos colegas, muitos familiares, quantos se afastaram!

E, até 2017, eu me via como uma pessoa altamente emotiva, apenas isso.

Não sei como nos enganamos tanto: não queremos ver, queremos encaixar as nossas dúvidas em caixinhas conhecidas, viver em uma zona de conforto que não vai nos levar a evolução alguma.

Perdi a conta de quantos amigos afastei por ter me excedido nas palavras e nos gestos, pelos motivos mais imbecis possíveis: desde perder em um jogo, não conseguir colocar a minha música no som, até ter um programa furado de última hora. O Arnesto do samba teria sofrido tanto na minha mão!

E os namorados? Foram muitos. E cada um sofreu mais que o outro na minha mão. Um ciúme doentio, desconfianças de todo o gênero, muita gritaria, coisas arremessadas, tapas, socos e infinitos arranhões. Xingamentos contra familiares, escândalos em público, ameaças de suicídio.

E, depois de cada um dos episódios, eu sofria. Era uma culpa que não cabia em mim. Era tão forte, tão forte, que às vezes dava vontade de morrer.

Minha vida amorosa sempre foi um poço de desgraça. Escolhia namorado de qualquer jeito. Tinha tanto medo de ficar sozinha para sempre (veja, isso desde que eu tinha 14 anos), que o primeiro que aparecia servia. Nunca gostei de verdade de nenhum deles, e foi então que conheci, em 2016, um cara que fez mudar tudo.

Não fez mudar tudo porque era o mais bonito, o mais bem-sucedido, o que mais amei. Nada disso. Era o mais frio, o mais racional e o menos romântico de todos.

Nossos embates eram constantes, dia sim, dia também. Ficou claro, claríssimo, que eu tinha um problema. Não parecia normal ter ataques de fúria diários, agredir tanto alguém, fazer tantos escândalos, estraçalhar objetos... não poderia ser apenas emoção demais.

A frieza dele atiçava alguma coisa longe do normal dentro de mim.

Resolvi então fazer terapia, do alto dos meus 30 e poucos anos de idade. Fiz buscas e buscas no Google atrás de terapeutas especializados em casos semelhantes ao meu (sem nem saber direito o problema que eu tinha). E cheguei resolvida ao consultório da Taty. Resolvida a me curar de qualquer que fosse aquilo que me atingia.

Resolvida a levar a coisa a sério. Resolvida a gastar o dinheiro que eu tivesse no melhor investimento do mundo: a minha saúde.

E foi então que, em abril de 2017, fui finalmente diagnosticada: TPB. Transtorno de Personalidade Borderline.

O TPB é uma doença cruel. É cruel porque não é óbvia. Não é como esquizofrenia, TOC, anorexia, em que os sintomas estão claros. Ele pode passar por anos despercebido, travestido de simples raiva, de simples sensibilidade aguçada e até de TPM, no caso das mulheres.

Ao entender sobre a doença, vi que eu apresentava a totalidade dos sintomas:

- Medo do abandono: ✓
- Raiva intermitente: ✓
- Mudanças de humor: ✓
- Interior vazio: ✓
- Hábitos ruins: ✓
- Comportamento impulsivo: ✓
- Autodepreciação: ✓
- ulgar o presente com a lente do passado: ✓
- Intenções suicidas: ✓

Além da terapia, eu li muito, pesquisei demais sobre o assunto, com a total vontade de vencer aquele mal que me consumia. O mais triste era ler autores que defendiam que é uma doença sem cura. Bom, eu nunca acreditei nisso, nem por um segundo.

Eu ia me curar. Eu vou me curar. E não importa o esforço que eu tenha de fazer.

Na terapia, foi um processo difícil. Foram inúmeras conversas, regressões, dramatizações e muitos desenhos. Até descobrir a causa daquilo tudo.

De forma bem leiga, aprendi que o borderline tem algum episódio relacionado a um abandono que planta uma sementinha do mal em seu cérebro, que vai então gerar os comportamentos anômalos dali para a frente.

Descobri que a causa do meu transtorno foi a saída do meu pai de casa. Meu pai era o meu super-herói, minha pessoa preferida do mundo. De repente, não mais que de repente, quando eu tinha 12 anos, ele foi embora de casa, sem me dar um abraço, uma explicação, um nada. Apenas fez uma malinha, abriu a porta e foi embora. Na época, eu não chorei uma gota. Fiquei anestesiada. Convencia todo mundo de que nem havia me importado.

E então chorei todo o meu choro atrasado nas árduas sessões de terapia, anos depois.

E isso me marcou tanto que, toda vez que um namorado meu saía pela porta, como se inconscientemente revivendo a dolorosa cena, eu arrebentava tudo que existia por ali: móveis, mochilas, vasos, CDs, meu próprio rosto, pernas, costas, braços.

Foram meses trabalhando a desconstrução do meu pai. Meses trabalhando a culpa gigante que eu carregava dentro de mim. Meses trabalhando a minha autoestima.

Além da terapia, ajudou bastante escrever um diário, fazer meditação, praticar atividades físicas e ouvir *podcasts* de autoajuda.

Gostaria de dizer que não somos poucos. Os livros não chegam a um consenso. Alguns falam em 1.5%, outros chegam a 20% (vulgo um quinto!) Da população mundial como sofredoras do TPB.

O primeiro passo é admitir que você tem uma doença. E que está tudo bem, não é sua culpa em nenhum grau. Depois, a boa notícia é que, como a maioria das outras doenças, você pode ir atrás do tratamento, com a possibilidade da cura ou, pelo menos, uma gigantesca melhora do quadro.

Se eu tivesse, desde o divórcio dos meus pais, frequentado sessões de terapia, eu teria economizado muita dor e sofrimento a muita gente.

Vamos nos tratar, nos perdoar e sermos felizes. É a melhor coisa que podemos fazer por nós mesmos e por aqueles ao nosso redor.

Ana, 34 anos, ex-borderline

Acreditar que você pode mudar seu jeito de pensar depois de tantos anos, não é para todos, só para quem realmente tenta, e percebe e entende que não depende de nada além de você.

Tive que aceitar muitas opiniões que antes me incomodavam bastante, mas faziam sentido, pelo simples fato óbvio de que se meu jeito não estava funcionando, precisava ser mudado, e talvez fosse totalmente o oposto de meu jeito de pensar mesmo.

É claro que sou muito grata por, hoje, ter um familiar próximo, que se interessa muito pelo meu bem-estar: o meu esposo. Ele se preocupa com meu lado emocional, graças a Deus estamos sob um mesmo jugo também, pois temos os mesmos princípios bíblicos, e isso nos ajuda muito com o entendimento e responsabilidade e o respeito de um casamento, de um cônjuge para com o outro. Por isso, posso dizer que tive a sorte de alguém me ajudar a desenvolver o interesse pelo meu próprio bem-estar; aprendi que deveria me cuidar mesmo e identificar as coisas que estavam me atrapalhando em várias áreas da minha vida. Entendi que devo amar, mas também me amar, e me sentir amada; aprendi que tenho minha própria vontade e desejos, minha personalidade, meu eu além de qualquer um. Estou me empenhando em experimentar isso na minha vida cada vez mais, sem ansiedades e pressa, sem me preocupar com o julgamento do outro a meu respeito, porque descobri que é meu autojulgamento que me faz sentir bem ou não, são a atenção e o tempo que tiro para mim mesma que fazem eu me conhecer cada dia mais, ter uma vida, não apenas sobreviver diante de tudo isso, ter prazer em estar aqui. Não somente observar, mas poder sentir.

Observar como tenho vencido essa luta à medida que vivo tem me ajudado a enxergar o quanto isso é real, e o fato de eu sempre querer me ajustar a princípios bíblicos desde a infância prova que eu já tinha aí um começo de personalidade, estava definindo quem eu era; assim como o fato de ter decidido que o álcool sairia de minha vida por completo – apesar da Bíblia não exigir isso, e ter cumprido com esse voto interno – me fez ver o quanto eu posso estar comprometida comigo mesma. Ser alguém com características, querer ter um casamento feliz e fiel, querer cuidar do meu emocional e parar para visualizar como ajo em várias áreas da vida – profissional, espiritual, mental – me provam que eu não estou à deriva como que vivendo de maneira devassa, sem sentido como antes, sem saber o que me aconteceria dali a algumas horas... Criar esse meu novo universo me faz ciente de que eu acordei para a vida, que não estou me levando à loucura, que sei bem quem eu quero ser, e que hoje sou uma ex-borderline.

Vera, 27 anos, ex-borderline

Prefácio

Sempre me fascinei com a possibilidade da descoberta, da busca incessante por soluções ainda não existentes.

Dentro do meu universo psicanalítico, busco constantemente compreender ao máximo a complexidade que é o ser humano. E ser humano é ser diferente, consciente, inconsciente, angustiado, defensivo, curioso, abstrato, original, criativo, reflexivo, misterioso.

Acredito que a questão mais admirável dessa complexidade humana é a matemática de cada um de nós, uma equação imperfeita e extremamente perfeita.

O nosso mundo psíquico é recheado de informações escondidas, colocadas de forma "segura" num baú muito bem fechado – o nosso inconsciente, que é a soma de tudo o que fomos, somos e seremos, e consiste em nosso passado, presente e futuro.

Muitas vezes temos sensações que definimos como estranhas; o questionamento natural da nossa espécie é sempre voltado para a busca do entendimento do sofrimento que surge do "nada", da falta de motivação, da angústia que sufoca, da dor física somática, do medo, da solidão, da ausência de pertencer ao nosso próprio corpo, alma e mente.

E dentro dessa incógnita de ser um humano, muitos se sentem desumanos, numa condição precária de satisfação e prazer.

O prazer é fruto de autoconhecimento, da consciência que pouquíssimos têm de si mesmos; as expectativas criam o desconforto e a incapacidade de lidar com o presente; almejamos o belo, o novo, o excesso; complicamos o descomplicado; antecipamos preocupações; criamos angústias e fobias; usamos o nosso mecanismo de defesa como forma de boicote; somos uma espécie infeliz em grande parte do tempo.

Mas o mais belo refrão nos conta que é possível ser feliz, muito feliz, em grande parte do nosso tempo. Porém, como alcançar essa tal felicidade?

Desde cedo me motivei a observar, tanto a minha própria condição humana quanto a do outro.

Lembro-me que eram horas observando pessoas, seus movimentos, sorrisos, lágrimas, abraços, gritos e lutos.

Tudo isso me intrigava e a própria consciência do meu "eu" sempre foi motivo de busca por definições, por um entendimento de quem eu realmente era, por que eu sofria ou sorria? Cada sensação era vivida plenamente, porém ainda inconsciente da minha estrutura, me agarrei com todas as forças num processo incessante a um mundo admirável, desafiador e complexo em demasia.

O mundo que habita as nossas mentes, aquilo que nos faz ser e viver a nossa história de vida, os nossos traços, marcas, nosso passos desde pequenos, o que nos fez admirar ou gritar, ceder ou conceder, trocar ou ignorar.

Eu sou possível e isso não é impossível, todos nós somos possíveis!

Cada um de nós possui o dom da cura, basta sair do mundo obscuro da imaginação e andar em novas terras desconhecidas, cujo solo desconhecido é o nosso próprio passado.

Descobrir a felicidade pode ser um processo doloroso, mas alcançá-la é dormir em eterno berço esplêndido.

Ah, *berço esplendido* foi um termo usado por uma paciente minha quando alcançou a tão sonhada cura, me sinto lisonjeada em plagiar a sua citação.

Em dez anos de profissão alcancei uma média de dez curas com pessoas portadoras do TPB (Transtorno de Personalidade Borderline). Relatarei alguns casos neste livro para trazer ao leitor maior entendimento do processo que denominei de "método costura". Além disso, procurarei ajudar o borderline no seu dia a dia com diversos exercícios e tarefas que criei para amenizar as crises e ajudar no autoconhecimento.

Também guiarei familiares com alguns exercícios e reflexões.

Não quero saber de estatísticas, tabelas prontas, e sim sempre compreender mais e mais a capacidade de driblar a palavra "cronicidade".

Tudo é crônico até que se enxergue o que não foi visto, observado, explorado.

No entanto, nada é eternamente crônico.

Muitos me criticam. Entendo a posição de um acadêmico que reproduz aquilo que aprendeu, mas possuo esse desassossego e não desistirei da minha luta enquanto os sofredores estiverem com suas espadas levantadas, apesar dos corpos trêmulos e a respiração ofegante, gritando por socorro.

Por eles decido guerrear!

Taty Ades

Descomplicando o TPB

Você, provavelmente, já deve ter sentido a dilacerante dor da perda, muitas vezes devido a um luto, outras tantas devido a um processo de separação, seja de um cônjuge, um amigo especial, um animal de estimação, uma nação, uma roupa, não importa!

A dor é dor, e só quem perdeu o "objeto amado" sabe o quão difícil é esse processo.

Para imaginar a sensação de um *borderline*, você precisa imaginar-se durante todos os dias sentindo essa dor.

Percebi que o *border* vive a dor do luto constante e diariamente, como se a cada novo dia um novo luto recomeçasse e nunca cessasse.

Imagine só o cansaço que essas pessoas sentem, o grau de desânimo frente a uma vida sem esperanças, recheada de dor, a sensação de perda contínua, medo de rejeição, oscilações de humor, impulsividade, angústia e automutilações.

O *borderline* vive numa montanha-russa, ora eufórico demais, ora depressivo e apático.

Além disso, vamos acrescentar muita raiva, sentimento de frustração, perfeccionismo, dismorfia corporal, transtornos alimentares, entre diversas compulsões que são uma forma de automedicação, podendo ser o excesso de comida, álcool, drogas, sexo, etc...

O mais importante para entendermos de fato o *borderline* é imaginar tudo aquilo que somos, gostamos e almejamos em nossa vida. No caso deles, não existe essa percepção definida – apenas em raríssimos casos em que o transtorno é mais leve.

Num grau alto da doença, eles não possuem a menor ideia de quem são, qual profissão querem ter, qual a cor preferida, o tipo de música, o estilo de roupa.

São pessoas com uma sensação de vazio na percepção do "self", por isso tendem a buscar em outros indivíduos soluções para que uma identidade – seja ela qual for – seja criada e sentida.

Nesse processo tendem a se envolver com diversas tribos simultaneamente: podem gostar de rock pesado caso estejam saindo com determinado grupo e, na semana seguinte, estão apaixonados por música clássica.

Quanto mais noção houver de "quem eu sou", mais fácil será o processo de cura. Quando a identidade está muito perdida, há todo um processo mais longo de sua busca.

É importante que entendamos o processo da dor, vazio e desespero frente a uma separação.

Imagine que o border esteja em um relacionamento amoroso; a outra pessoa será o foco principal de sua vida, toda referência de existir estará instalada no outro.

No momento em que esse outro se vai, seja por um dia, uma semana ou uma vida, o *borderline* tende a viver o pior momento de sua existência; cai no abismo total da sua consciência de inexistência. O fato é que o outro ser lhe dava a sensação de pertencimento e de "vazio preenchido". O afastamento traz à tona a essência que não sabe, sente tudo e nada ao mesmo tempo, sente dor e desespero, a sensação de ser um zumbi em terra de ninguém.

Outro aspecto importante é perceber que, num processo de separação, a dor vivenciada na infância (por abandono, rejeição, abuso) voltará a pulsar, e a criança que lá atrás sofreu seu primeiro luto eterno voltará a sangrar e gritar por socorro.

Há a constante necessidade de ter alguém ao lado para amenizar a sensação de solidão e abandono; sozinhos os *borders são seres que não aprenderam a andar*, comer e, principalmente a ter autoestima e amor-próprio.

Agem como crianças mimadas, pois pararam realmente numa fase em que não se conseguiu consolidar uma estrutura forte de personalidade. Por isso podem ameaçar, agredir, suplicar, implorar, ameaçar, chantagear, tudo para chamar a atenção do outro e evitar mais uma sensação de luto.

Muito importante ressaltar que diversos transtornos mentais ou de personalidade possuem características muito similares aos do border, e o diagnóstico errado ainda faz parte de uma triste realidade no mundo da saúde mental.

Todos nós possuímos momentos "*borders*" em nossa vida, todos temos uma vez ou outra ataques de fúria, comilanças desenfreadas, sensação de euforia e tristeza, medo de abandono e dor insuportável em alguma separação.

O *borderline* irá sentir isso o tempo inteiro e não apenas em algumas situações.

O prejuízo para a vida da pessoa é imensurável, as tentativas de suicídio são constantes e as dependências e abusos para lidar com a dor seguem por uma vida toda, caso não sejam tratados.

O desespero do familiar é imenso, muitos entram em depressão por não saberem como lidar pois estão, literalmente, pisando em ovos o tempo todo.

É preciso tratar o *borderline* e os familiares também; o processo de entendimento da doença é essencial tanto para o seu portador quanto para quem convive com ele.

Existem diversos mitos espalhados em mídia social, livros e pelo mundo afora sobre o transtorno. O primeiro diz respeito à remissão dos sintomas do *borderline* em idade avançada. Isso não existe, já atendi *border* de 13 anos, assim como de 80 com a mesma intensidade no quadro. Se o amadurecimento não for construído na pessoa, ela será sempre a criança sofredora e enclausurada.

Outro mito é sobre o abuso sexual representar 80% dos casos do transtorno.

A minoria dos *borders* terá passado por um abuso sexual, a maioria irá sentir o abandono e a ruptura da identidade por ter passado por situações traumáticas como ausência de pai ou mãe (real ou imaginária); bullying na escola; sensação de inferioridade na infância; pais narcisistas; abusos verbais, emocionais, físicos; e uma pequena porcentagem o abuso sexual.

Se você clicar agora no Google e buscar por "transtorno de personalidade *borderline*", encontrará o termo limítrofe para este.

Mas o que isso realmente quer dizer?

Temos a possibilidade de ser neuróticos ou psicóticos, dependendo de fatores genéticos, ambientais e familiares.

O *bord*er é definido como estando entre a neurose e a psicose.

Mas é isso mesmo?

Na verdade, o *borderline* possui uma estrutura neurótica em exagero. Basta imaginarmos as antigas histéricas de Freud: muitas seriam classificadas como limítrofes hoje em dia.

Porém, há a possibilidade de "estados psicóticos" no quadro *borderline*, em que a pessoa entra em paranoia por algum tempo, geralmente muito curto.

Nem todo *border* irá entrar em estado psicótico e aqueles que entram, vivenciam a fuga da realidade após passarem por um estresse muito grande ou uma situação de separação.

A sexualidade pode ser indefinida no *borderline*, assim como outros assuntos que digam respeito ao "gostar ou não gostar". Muitos se definem bissexuais, mesmo que um dos lados seja apenas em fantasias.

Outro aspecto intrigante é o perfeccionismo que exercem como forma de boicote. Sentem-se tão incapazes de ser amados, admirados e apreciados que podem entrar em sofrimento obsessivo na hora de entregar uma prova, apresentar um trabalho, enfim, o olhar do outro e o julgamento são algo insuportável. Desencadeiam, dessa forma, um mecanismo de exigirem de si mesmos aquilo que será sempre impossível alcançar, uma forma de defesa para não serem vistos, julgados e humilhados.

Muitos dizem em relação ao compromisso amoroso: aceito migalhas porque ninguém mais gostaria de mim.

Dessa forma, é muito comum que eles se relacionem sem filtro algum, podendo se envolver com pessoas perigosas e muitas vezes psicopatas.

A falta de consciência precisa do risco e de limites, e está muito presente em diversos *borderlines*, como dirigir bêbados, envolverem-se em promiscuidade, tornarem-se viciados em drogas.

No entanto, uma parcela de *borders* irá apresentar comportamento oposto, evitando aquilo que é ilegal e imoral. Esses tendem a ser mais críticos em relação a si mesmos e aos outros, possuem um conhecimento bem mais elevado da identidade e são mais tímidos ao convívio social.

O pensamento suicida vem por dois fatores:
1. Necessidade de chamar a atenção quando se sentem abandonados.
2. Vontade real de exterminar a dor o sofrimento.

Percebi que grande parte das tentativas de suicídio dos *borderlines* provém de estados críticos de sensação de rejeição e vazio, por isso a importância iminente de prestar atenção quando houver uma quebra amorosa, briga com amigos, conflitos com familiares.

Por serem extremamente neuróticos, possuem um mecanismo inconsciente ou ora consciente de criar chantagens emocionais para alarmar aqueles que amam.

Não é incomum ouvirmos do *border*: caso você não volte para mim, eu irei me matar.

A culpa os acompanha após a impulsividade e é nesse momento que entrarão no quadro depressivo (geralmente de curta duração).

São extremamente sensíveis e até sensitivos, possuem uma inteligência aguçada, porém pobre na execução de qualquer tarefa – são os artistas mais incríveis que já conheci.

Ora são reis, ora são escravos, tudo é 8 ou 80, as pessoas são vistas por eles como santos ou demônios, não existe um meio-termo.

Caso I

A criança que ainda chora dentro de mim

Ele vinha de outra cidade, eram 7 horas de viagem todas as semanas.

Saía exausto com todo o processo, mas nunca faltava, era valente e persistente.

Lembro-me com precisão do dia em que sugeri a ele o uso de novo método psicanalítico que eu havia criado. Seus olhos sorriram sem medo e num tom apático me respondeu:

– Não tenho mais nada a perder, já tentei de tudo.

Me emociono ao pensar nesse caso específico, por ter sido o primeiro caso de cura *borderline* que tive o prazer de ajudar a concretizar.

Ele tinha por volta de 54 anos e, na primeira sessão, me confidenciou que havia tentado o suicídio poucos dias atrás.

Tinha crises explosivas, confessava ter um ciúme doentio pela esposa, compulsão sexual, o excesso de álcool fazia parte da sua rotina, assim como a constante sensação de angústia, vazio, medo, pensamentos obsessivos e paranoia em momentos de estresse.

As diversas formas como se automutilava estavam o tornando um "morto-vivo".

O desespero transbordava e a vontade de respirar sem dor era digna de sua bondade, inteligência e coragem.

Lembro-me que, com ele, presenciei e enfim compreendi, de forma muito forte, o que tantos *borders* diziam ser o vazio crônico, a sensação de que nada poderia preencher, o buraco negro dentro de nós que só consegue puxar e atrair pensamentos e atitudes autodestrutivas.

Não havia tempo para "respirar sem dor", por isso a promiscuidade, o excesso de álcool se tornaram uma forma de automedicação, uma maneira de encontrar um falso prazer em romances criados, sexo sem proteção, o prazer pelo risco, a falta de limites em conseguir pensar em si mesmo como alguém merecedor.

Tudo para ele era fracasso e ele se intitulava um eterno perdedor.

Essa falsa percepção de si mesmo é muito comum no *borderline*, que se define sempre como um ser incapaz de qualquer benefício na vida.

Durante dois anos trabalhamos o método, acompanhei suas melhoras e recaídas, suas idas e vindas.

Muito importante ressaltar que esse paciente não tinha a menor percepção de sua identidade no início do processo. Inclusive, ser fotografado ou filmado era algo insuportável para ele. Não sabia definir a sua cor predileta, se gostava ou não de seu trabalho, e quando eu sempre o questionava sobre quem era, a resposta vinha repleta de uma enorme pausa e silêncio.

O processo foi ficando intenso, ele saía do consultório e permanecia sentado em uma livraria à frente por horas, contava-me que o cansaço das sessões era demasiado intenso. Estávamos brincando com o fogo bom, estávamos invadindo a sua essência e buscando pistas para a identificação de seu vazio, de sua identidade tão fragmentada.

Esse processo é de fato exaustivo ao extremo, por isso considero aqueles que suportam a psicanálise e todo o seu processo invasivo como pessoas emocionalmente adultas e conscientes.

Durante o processo, o inconsciente finalmente permitiu um acesso importantíssimo, uma descoberta nova se fez presente.

Quando ele era pequeno, fora abusado diversas vezes por um amigo do pai. Assim, conseguimos esclarecer diversos sintomas somáticos em sua região anal.

Numa sessão específica, refazendo o processo do abuso de forma muito intensa, ele sangrou no momento exato da lembrança da penetração, gritou, chorou.

Foi o momento de catarse! Foi como assistir a um espetáculo cruel, cheio de dor, essa dor primitiva que tende a expandir e espalhar-se no espaço, essa dor visceral que estava presa há tanto tempo, guardada a sete chaves, escondida, supervisionada por um inconsciente que tentava proteger e machucava.

Após a catarse, esse paciente nunca mais apresentou um único sintoma do quadro *borderline*.

Estamos falando de uma cura de dez anos atrás e de uma sensação que guardo até hoje: a cumplicidade em nossos olhares, o processo que se desfecha, a doença que é extirpada, a angústia que sossega, finalmente o descanso! Ufa!

O que são pessoas altamente sensíveis?

Existem pessoas altamente sensíveis, como são os *borderlines,* mas nem todas as pessoas muito sensíveis possuem o TPB.

Vamos adentrar ao mundo dos sensíveis e verificar as dores, amores e desamores desse grupo de pessoas.

Perceba se você possui essas características e reflita sobre elas:

- Você facilmente se sente oprimido por coisas como luzes brilhantes, cheiros fortes, tecidos grosseiros ou sirenes nas proximidades?
- Você fica atrapalhado quando tem muito o que fazer em um curto espaço de tempo?
- Você faz questão de evitar filmes e programas de TV com muita violência?
- Você precisa, durante dias sobrecarregados, retirar--se na cama ou num quarto escuro ou em algum outro lugar onde você possa ter privacidade e alívio da situação?

- Você torna uma prioridade organizar a sua vida para evitar situações perturbadoras ou esmagadoras?
- Você presta atenção ou desfruta delicados ou finos aromas, sabores, sons ou obras de arte?
- Você tem uma vida interior rica e complexa?
- Quando você era criança, seus pais ou professores o viam como sensível ou tímido?

Questione-se agora sobre essas reflexões: verdadeiras ou falsas:

1. Fico demasiado superestimulado com dados recebidos através dos cinco sentidos.

    Verdadeiro [ ]   Falso [ ]

2. Reparo nos detalhes e sutilezas do ambiente.

    Verdadeiro [ ]   Falso [ ]

3. O humor das outras pessoas me afeta.

    Verdadeiro [ ]   Falso [ ]

4. Costumo ser muito sensível à dor.

    Verdadeiro [ ]   Falso [ ]

5. Em dias muito agitados, sinto necessidade de me recolher, ir para a cama, um quarto escuro ou qualquer lugar onde possa ter alguma privacidade e afastar-me do excesso de estímulos.

    Verdadeiro [ ]   Falso [ ]

6. Sou particularmente sensível aos efeitos da cafeína.

           Verdadeiro [ ] Falso [ ]

7. Luzes ou cheiros fortes, tecidos ásperos ou sirenes me perturbam facilmente.

           Verdadeiro [ ] Falso [ ]

8. Tenho uma vida interior rica e complexa.

           Verdadeiro [ ] Falso [ ]

9. Sons altos demais fazem com que eu me sinta mal.

           Verdadeiro [ ] Falso [ ]

10. A arte e a música me emocionam profundamente.

           Verdadeiro [ ] Falso [ ]

11. O meu sistema nervoso está por vezes tão alterado que procuro solidão para me acalmar.

           Verdadeiro [ ] Falso [ ]

12. Eu me assusto com facilidade.

           Verdadeiro [ ] Falso [ ]

13. Sinto-me atordoado quando tenho que fazer muitas coisas em pouco tempo.

           Verdadeiro [ ] Falso [ ]

14. Quando as pessoas estão em um ambiente fisicamente desconfortável, costumo saber o que precisa ser feito para torná-lo mais confortável (como trocar os assentos ou alterar a luz.

           Verdadeiro [ ] Falso [ ]

15. Se alguém me pede para fazer muitas coisas ao mesmo tempo, fico irritado.

    Verdadeiro [ ]   Falso [ ]

16. Tento desesperadamente evitar erros e esquecimentos.

    Verdadeiro [ ]   Falso [ ]

17. Faço questão de evitar filmes ou programas de TV violentos.

    Verdadeiro [ ]   Falso [ ]

18. Sinto-me desagradavelmente exaltado quando há coisas demais acontecendo em volta de mim.

    Verdadeiro [ ]   Falso [ ]

19. Muita fome provoca fortes reações e destrói minha concentração e meu humor.

    Verdadeiro [ ]   Falso [ ]

20. Mudanças em minha vida me perturbam demais.

    Verdadeiro [ ]   Falso [ ]

21. Percebo e aprecio fragrâncias, sabores, sons e obras de arte suaves.

    Verdadeiro [ ]   Falso [ ]

22. Você acha que é desagradável ter muita coisa acontecendo ao mesmo tempo?

    Verdadeiro [ ]   Falso [ ]

23. Tento organizar a minha vida de forma a evitar situações caóticas e incómodas.

    Verdadeiro [ ]   Falso [ ]

24. Incomodam-me estímulos intensos, como ruídos altos e cenas caóticas.
Verdadeiro [ ]   Falso [ ]

25. Quando me sinto observado ao fazer uma coisa, fico tão nervoso que isso afeta a minha performance, começo a fazer mal as coisas.
Verdadeiro [ ]   Falso [ ]

26. Quando era criança, meus pais e professores me achavam sensível e tímido.
Verdadeiro [ ]   Falso [ ]

Conte as respostas verdadeiras. Se você respondeu V a pelo menos 10 perguntas ou se em uma delas a resposta é intensamente positiva, você é altamente sensível.

Fonte: Teste retirado do livro *Use a Sensibilidade a seu Favor – Pessoas Altamente Sensíveis*, Elaine Aron

Mitos e verdades sobre o TPB

Muito se lê sobre o TPB, porém acho necessário esclarecer algumas dúvidas que recebo diariamente sobre o transtorno. É essencial que possamos conseguir entender as diferenças entre os diversos transtornos de personalidade.

O borderline sempre irá se automutilar com cortes pelo corpo?

Não! Esse é um mito. Já recebi diversos *borders* no consultório que passaram por psiquiatras que disseram que eles não se encaixavam no transtorno por não se cortarem; por outro lado, muitos foram diagnosticados com o TPB simplesmente por terem citado episódios de automutilação com cortes.

Veja, em diversos transtornos a pessoa pode se cortar, seja no *borderline*; na depressão; na bipolaridade (transtorno afetivo do humor); esquizofrenia; dismorfia corporal; transtornos alimentares; transgeneridade.

Muitos *borders* se cortam, mas muitos não farão isso em nenhum episódio de sua vida.

Quando falamos em automutilação, estamos nos referindo a uma necessidade de autoboicote, ou seja, o *borderline* sempre terá a necessidade de se "machucar de diversas formas".

Muitos podem comer demais, beber demais, usar drogas, dirigir alcoolizados, envolver-se em relacionamentos abusivos, e alguns irão, sim, se cortar com giletes, se picar com grampos e outros objetos, se bater no rosto e corpo com raiva, se jogar em paredes, bater a cabeça e o corpo até formar hematomas.

Quando o *borderline* se corta, ele está buscando um alívio físico para esquecer a dor emocional. Muitos citam também o prazer ao ver o próprio sangue.

O borderline é crônico?

Não! Continuarei enfatizando que a cura existe e a remissão de todos os sintomas perfeitamente alcançada, caso a pessoa esteja em processo terapêutico.

O borderline é característico das mulheres?

Não! A maioria dos casos será feminina, uma média entre 70% será feminina e 30%, masculina. Porém, alguns estudos recentes sugerem uma margem de 50% para mulheres x 50% para homens, concluindo que as mulheres buscam mais ajuda.

Toda "pessoa que ama demais" é borderline?

Não. Quando falamos em amar demais, estamos nos referindo a um termo que ficou conhecido mundialmente entre pessoas que não conseguem atingir uma boa autoestima e acabam amando em excesso, porém de forma patológica.

Os borderlines têm a característica típica desse tipo de amor doentio, mas existem diversas pessoas que não possuem o TPB e se envolvem em relações tóxicas e doentias, processos de codependência afetiva, e podem repetir um padrão tóxico durante toda uma vida.

Amar demais e não ter uma boa autoestima é precisar do outro para se encontrar de alguma forma, muitas vezes é idolatrar aquele que te humilha.

Sexualidade do borderline é bem definida?

Nem sempre é. Entre os meus pacientes, percebo uma média de 85% de casos em que a falta de entendimento da "orientação sexual" está presente.

Todo borderline é compulsivo e sem limites?

Todo *borderline é compulsivo*, sem exceção. Essa compulsão pode ser por comida, compras, vida noturna, sexo, drogas, álcool, pessoas. Essas compulsões são sempre motivadas por uma necessidade de preenchimento da sensação de "vazio crônico".

Muitos, no entanto, acabam não tendo limites, podem exagerar em vícios, velocidade de carro, sexo sem proteção, etc. Mas sendo o ser humano "humano em sua única complexidade", alguns podem se preservar até demais, criando uma cerca em seu mundo, evitando a falta de limites, no intuito de não perder o controle e sofrer.

Me confundo muito com o borderline e o bipolar. Afinal qual a diferença entre ambos?

Para começar, o *borderline* é um transtorno de personalidade. Isso significa que uma identidade foi se criando a partir de uma cultura, sociedade e ambiente familiar.

Quando falamos em bipolaridade, podemos observar características extremamente parecidas com a do *borderline*, porém a questão da bipolaridade é química e não de personalidade. Os altos e baixos, oscilações, depressões e manias acontecerão nos dois casos, mas o borderline tenderá a oscilar mais por fatores externos e diversas vezes por dia. O bipolar tende a ter fases mais específicas de mania e depressão.

Qual a diferença entre o borderline e outros transtornos de personalidade?

Descrevo a seguir as principais características dos principais transtornos de personalidade:

- Evitativos – Essas pessoas evitam, ao máximo, contato com outras pessoas, na vida pessoas e também profissional. São extremamente preocupadas com críticas e rejeições, geralmente muito tímidas e com baixa autoestima.

- Dependentes – Pessoas com esse transtorno tendem a depender 100% de outras pessoas, não aguentam a solidão e emendam um relacionamento atrás de outro. Possuem baixíssima autoestima e podem se envolver com parceiros extremamente tóxicos.

- Histriônicos – Pessoas histriônicas protagonizam peças teatrais durante sua vida, em que elas precisam ser o centro das atenções, exagerando e dramatizando situações e histórias. Geralmente usam da sedução para conquistar e tendem a acreditar que possuem mais intimidade com as pessoas do que de fato existe. São obcecadas por figuras de autoridade e famosas, adoram conversar com médicos e advogados, por exemplo, como se fossem íntimos destes, e nos relacionamentos amorosos são capazes de verdadeiros escândalos emocionais.

- NARCISISTAS – Geralmente possuem baixíssima empatia; por isso, o outro se torna um objeto, um troféu. Tendem a ser vingativos e prepotentes, o seu ponto de vista é o único a ser considerado. Possuem baixa autoestima e são depressivos na sua maioria.

- BORDERLINE – Pessoas impulsivas, com relacionamentos intensos demais, compulsivas e com baixa autoestima. Pensamentos suicidas são recorrentes, atos de automutilação podem ocorrer, além de breves ocorrências paranoicas em momentos de estresse.

- ANTISSOCIAIS – Geralmente são pessoas frias, pouco empáticas e bastante manipuladoras, não costumam sentir remorso ou culpa.

- PARANOIDES – Essas pessoas vivem desconfiadas de tudo e de todos, um agrado pode vir como uma ofensa, e os relacionamentos amorosos são sempre regados a ciúmes e desconfiança. Sentem-se perseguidas por amigos, familiares e cônjuge; sentem-se vítimas do mundo o tempo todo.

- ESQUIZOTÍPICAS – Esse perfil tende a ser excêntrico na forma de vestir, agir, se comportar.

Possuem idealizações paranoicas e têm dificuldades enormes em fazer amizades, muitas vezes não possuem amigos, são demasiadamente ansiosas e tendem a ter crenças exageradas no misticismo e superstições exageradas.

- Esquizoides – Geralmente não possuem amigos, tendem a ter uma verdadeira obsessão pela solidão e possuem um mundo imaginário riquíssimo. Têm pouca empatia e enorme dificuldade no convívio social.

Como o borderline se enxerga no espelho?

O borderline sempre irá se enxergar feio no espelho, a maioria irá apresentar o transtorno dismórfico corporal, assim como transtornos alimentares.

O espelho refletirá uma falta de imagem real, já que a sua identidade está perdida, a imagem irá se apresentar desconectada, desproporcional.

Conforme a terapia for minimizando os sintomas do borderline, a aparência deste gradativamente será vista de maneira diferente no espelho. Trata-se de um processo interno que modificará o externo.

O que é de fato o vazio no borderline?

Esse vazio crônico é a sensação que o borderline sente de "nada sou" e "nada possuo". Como existe essa percepção muito rasa do próprio self, esse vazio se instala, mas, na verdade, representa sentimentos diversos que não conseguem ser "sentidos" de forma apropriada. Nesse vazio existem raiva, medo, rancor, tristeza, ansiedade.

O borderline pode ser psicopata?

Muitas pessoas vêm espalhando essa absurda afirmação de que o borderline pode ser psicopata. São exatamente opostos.

O psicopata sente de menos, enquanto o borderline é uma verdadeira explosão de sentimentos, tudo é à flor da pele.

Inclusive, é muito comum o relacionamento amoroso entre o borderline e o psicopata, justamente por este último reconhecer o exagero e excesso de sentimentos que existem no outro e a possibilidade sádica de manipulação e jogos perigosos.

Todo borderline é ciumento patológico?

Todo borderline é ciumento patológico, sim, mas nem todo ciumento patológico é borderline.

O borderline pode ser invejoso?

Sim, muitas vezes por ter essa autoestima tão baixa, o borderline costuma se comparar com outras pessoas, sempre se sentindo inferior, tanto intelectual como fisicamente.

Exercícios de identidade – Quem eu realmente sou?(Trabalhando o vazio)

É muito importante que você refaça esses exercícios diversas vezes durante a sua vida toda.

Quero que você rabisque um grande círculo num papel, o qual representará o seu vazio.

Vamos adentrar a fundo nesse vazio e perceber o que ele de fato representa.

Saiba que essa sensação de nada pertencer e existir em você é justamente o oposto.

Existem tantos sentimentos presos e não trabalhados, histórias do passado mal trabalhadas, traumas, mutilações invisíveis, tudo isso consiste em seu "vazio " – esse vazio que parece crônico e interminável, esse nada que dói e assusta é habitado por um mundo de medos, frustrações, raiva, tristeza, humilhação, incapacidade, culpa.

Não tenha pressa para preencher esse seu vazio desenhado, isso irá demandar tempo e muita calma e paciência. Antes de começar a preenchê-lo, feche bem os olhos e permaneça tranquilo durante quanto tempo for necessário.

Imagine o seu vazio da forma que este lhe vier à mente. Você pode imaginar uma enorme bola vazia, ou negra; pode pensar em uma linha reta sem fim, não importa!

O importante é que você sinta esse vazio enquanto o visualiza e reflita sobre todos os sentimentos que possam habitar nele.

Darei alguns exemplos práticos a você:

Maria, ao fazer esse exercício, imaginou uma bola negra gigante, na qual nada existia e pertencia. Pedi para que fosse mais a fundo nesse vazio, ela foi imaginando-o como um órgão de seu corpo, e passou a me descrever a sensação de sentir o coração, pulmão, rins, fígado, etc... Depois o vazio foi sendo sentido como parte integrante dela, então conseguiu se fixar nele e no que representava em sua vida.

Pedi para que essa sensação fosse repleta por toda sua existência de 34 anos.

Retroagimos a uma idade que ela imaginou como a primeira que lhe veio à mente, no caso 8 anos, e assim por diante.

Aos 8 anos, o que preencheu o vazio foi o início de tudo: raiva, sensação de abandono, medo, tristeza.

Esses sentimentos permaneceram em seu vazio durante todo o processo do exercício.

Em seguida, trabalhamos com várias outras idades que ela trazia espontaneamente. Assim seguiram-se as idades de 13, 19, 21, 25, 29, 32, 34 anos.

Para sua surpresa, essa tal vazio no qual nada poderia existir e pertencer estava repleto de sentimentos, sensações, ele estava cheio demais! Havia no vazio de Maria insegurança, medo, sensação de rejeição, abandono, raiva, fúria, impulsividade, amor, desamor, depressão, isolamento, angústia, ansiedade.

Perceba quantos sentimentos esse vazio está guardando, mostrando a você que nada existe, porém ele é uma chave importantíssima para chegarmos a uma percepção mais nítida de sua identidade e personalidade.

Então faça esse exercício, feche bem os olhos e vá caminhando por sua vida, de trás para frente, a partir de uma idade inicial do passado até a sua idade atual.

Escreva em seu vazio todos os sentimentos que o preenchem e deixe essa folha muito bem guardada, pois esse exercício será refeito diversas vezes e modificado, e é importante que você perceba tais mudanças.

Podemos então pensar o seguinte:

Esse vazio representa todas as nossas situações frustrantes na vida e os sentimentos vividos nelas.

Mas ele existe e por isso você sente tanta dor emocional. Não reconhecer o que está nele pode te deixar sempre em estado de sofrimento.

Vamos agora seguir o exercício, porém dessa vez, colocaremos os nossos sentimentos positivos, aqueles que não entram no nosso "vazio".

Talvez você encontre dificuldade nessa tarefa, mas esforce-se ao máximo para preencher a sua segunda bola.

Faça o mesmo processo, relaxe, feche os olhos e pense em tudo o que te compõe de forma boa. Muitas vezes, temos a necessidade de precisar buscar sentimentos bons em altas expectativas. Temos a tendência a crer que coisas boas só acontecem se forem muito extremas e vividas em situações inebriantes e explosivas.

Quero que você quebre essa sensação agora e se concentre em pequenos momentos.

Vamos observar o que Maria encontrou em seu exercício.

Preencheu em seu espaço do "não vazio" um sentimento de amor muito grande que nutre pela sua avó, e gratidão por três pessoas muito importantes em sua vida.

Percebeu também que sente satisfação quando consegue realizar uma tarefa bem- feita.

Ela é dominada pela sensação de conforto e alegria em situações em que está em contato com a natureza.

Agora que você preencheu os seus "dois espaços", vou pedir para que sempre se questione em relação a eles. siga e prossiga acrescentando novos sentimentos quando lhe surgirem, ou crie novos espaços sempre que achar necessário refazê-los.

Você pode riscar sentimentos que não pertencem mais ao seu espaço vazio ou criar um novo desenho e refazê-lo. Assim como em relação ao segundo espaço.

Mas, afinal, o que existe no meio desses espaços?

Certo, agora você conseguiu se visualizar, imaginou-se criança, adolescente, adulto, reviveu sentimentos e emoções, percebeu que seu vazio é preenchido por inúmeras sensações que sentiu durante toda a sua vida.

Deixarei uma pergunta para que você reflita:

- Com os dois espaços preenchidos, o que será que você é no meio desses espaços?
- Caso desenhasse mais uma bola no centro desses dois, o que surgiria?

Pode lhe parecer estranho, mas esse espaço "do meio" é muito importante, por ser justamente quem você é: ou seja, a mistura do vazio com os sentimentos bons.

Maria levou muito tempo para conseguir preencher sua terceira bola, o seu meio- termo parecia não existir.

Ela sempre descrevia uma sensação de não pertencimento e que o vazio era imenso demais e triste demais, enquanto o espaço dos bons sentimentos ela definia como "muito raso". O que existiria então entre os dois?

Você terá muita facilidade em fazer essa parte após os próximos exercícios do livro, então não se desespere caso não visualize agora esse meio-termo.

Vamos prosseguir e você voltará aqui mais tarde, certo?

A bola do meio-termo de Maria, após muito trabalho e reflexão, surgiu finalmente:

"Existe, sim, um meio-termo!", exclamou feliz quando, finalmente, conseguiu preencher um espaço que nem ela sabia existir!

Amar ou depender?

É muito importante para o borderline e todos nós a reflexão sobre o conceito de amor saudável. Notei em meus borders curados a percepção de como estavam "achando que amavam" e como reaprenderam a amar de verdade.

Muitas vezes, você pode buscar sentimentos de êxtase e intensidade, a sensação de paixão para sentir-se feliz e mais compensado.

Não há nada de errado nisso, porém o perigo desse processo é você não conseguir administrar o que virá depois, ou seja, quando esses sentimentos fortes começarem a cessar e chegar o momento de lidar com um amor calmo, que exija troca, respeito, paz.

Muitas pessoas acabam ficando viciadas em paixões e descartam os parceiros quando essa sensação termina. Prosseguem num mecanismo de troca, de substituição, pois estão dependentes de intensidade. Nesse processo, acreditam fielmente que estão amando como nunca antes, mas quando substituem o parceiro, fazem o mesmo discurso anterior.

Outro tipo de vício ligado ao amor é o da dependência e codependência, vício que atormenta muitos borderlines.

A dependência faz com que você esteja pronto para qualquer pessoa que surgir em sua vida, sem a necessidade de filtrar, sem saber ao certo o que você realmente quer, os seus limites, quem de fato busca, aquele que lhe fará bem.

Não existindo esse filtro, você acaba se entregando àquela pessoa que está "disposta a lhe dar amor", projetando nela todo o seu foco, esforços, sem conseguir ter um termômetro real de quando a relação está ruim; sofre terrivelmente uma rejeição, um abandono e se sujeita a situações terríveis.

Uma paciente minha, no início do tratamento, costumava estar apaixonada a cada semana por uma pessoa diferente. Sofria a dor de luto a cada separação, dizia que perdera o amor de sua vida, porém rapidamente substituía essa pessoa por outra, tendo a falsa sensação de alívio e de estar amando novamente.

Em várias ocasiões ela se envolveu com homens extremamente complicados e até perigosos, chegando ao ponto de levar para casa um homem que a espancava e praticava toda forma de abuso físico, emocional, verbal, financeiro. Até que chegou o dia em que ele a largou, alegando que ela era uma mulher feia, fraca, sem graça.

Ela entrou em processo de paranoia (muito presente em borderlines quando ocorre uma separação). Permaneceu com pensamentos obsessivos de vingança, que alternavam em pensamentos de conseguir tê-lo de volta.

Precisou ser internada por duas semanas e em nenhum momento questionou o que ele havia feito a ela. Quando conversamos sobre isso, ela me disse que os sentimentos de vingança vinham claramente porque ele a tinha abandonado, rejeitado, e isso era insuportável demais para encarar. Não questionou os espancamentos, nem as torturas psicológicas.

Perceba como o amor pode cegar, e esse amor borderline "que tudo pode se for intenso" pode inclusive te matar.

Nesses casos, não há a percepção nítida do perigo, tudo gira em torno de manter a pessoa para que ela não vá embora.

Uma outra paciente minha, na busca por atenção, sem limites para sentir alguma euforia que lhe tirasse a sensação de vazio, chegou a levar para casa alguns mendigos, suplicando-lhes que ficassem com ela.

Com eles, vinham doses de álcool e cocaína, exigência dessas pessoas para estarem ali.

Quando falamos em amor real e saudável, muitas vezes, achamos que esse tipo de amor será apático, sem graça, enfadonho, mas isso é um engano.

Ângela me diz após a remissão de todo o quadro borderline e um casamento feliz:

"Isso, sim, é intenso, real e me preenche de verdade. O que eu sentia antes era falso, eu construía amores para poder me manter viva, coloquei minha vida em risco, gastei todo o meu dinheiro, perdi a autoestima que já era quase inexistente.

Eu suplicava por amor, mendigava por um carinho, era escrava de atenção.

Hoje consigo perceber que o amor real exige respeito, troca, confiança, e isso tudo é maravilhoso".

Exercício de psicodrama: Conversando com meus sentimentos

Criei esse exercício para trabalhar os sentimentos do borderline e a melhora na percepção do self.

Outra vez, peço que faça e refaça, sempre observando as modificações em sentimentos e novas percepções.

Você pode fazer esse exercício sozinho ou com algum amigo em que confie bastante.

Vamos lá?

Trabalharemos diversos sentimentos e quero que você se concentre bem em cada um deles.

Antes de iniciar esse exercício, você deve relaxar, observando as partes tensas e relaxando ao máximo o seu corpo. Gosto de propor que você permaneça alguns minutos de olhos fechados e vá sentindo cada parte de seu corpo, interna e externamente. Imagine uma massagem em todas as partes e sinta-se relaxado.

Durante o exercício você pode ficar com os olhos fechados ou abertos, como lhe for mais confortável.

Colocarei agora uma lista de sentimentos, quero que trabalhe com todos eles, mesmo que parecer muito difícil.

- Medo
- Vazio
- Tristeza
- Impulsividade
- Sensação de abandono
- Sensação de rejeição
- Felicidade
- Amor
- Afeto
- Controle

Você vai se imaginar conversando com cada um desses sentimentos, um por vez, sendo que poderá escolher a ordem.

Imagine esse sentimento na sua frente; ele está ali, olhando para você e disposto a ter uma conversa franca e honesta.

É o seu momento de descobrir tudo sobre ele e fazê-lo entender também algumas coisas que você certamente tem para lhe dizer.

Darei um exemplo, mas quero que use a sua imaginação para elaborar as questões e o diálogo.

Certo, José está na frente do vazio e ele (o sentimento) iniciará a conversa:

- Vazio: José, por que você acha que eu existo de forma tão intensa em você?

» José: Hum, creio que sempre senti você por toda a minha vida, não sei ao certo...

- Vazio: Eu sempre percebi que existia espaço para entrar e gostaria de entender por que você não me deixa ir embora um pouco.

» Jose: Difícil te deixar ir... Você está sempre tão presente...

- Vazio: Desde quando estou presente?

» José: Não sei ao certo, mas acredito que desde que eu tinha uns 8 anos e estava assustado com a situação de casa, meus pais brigando o tempo todo, e eu chorava escondido no quarto. Acho que foi nesse momento que te senti muito forte.

José irá prosseguir o diálogo por quanto tempo quiser e depois irá trocar a ordem da conversa. Ele irá fazer as perguntas ao vazio.

- » José: Agora é a minha vez de entender: Por que você se instalou em mim?
- • Vazio: Porque você assim o quis.
- » José: Não! Eu nunca quis, nunca quis você. Gostaria mesmo que fosse embora.
- • Vazio: Eu adoraria ir embora, mas preciso de sua permissão.

E assim a conversa continua

Durante esse processo, José sentirá várias coisas, descobrirá um novo vazio, um vazio que tem um motivo, uma história de vida, um vazio que esclarece e muito.

Perceba e, se quiser, anote todas as sensações que teve durante essa conversa, reconstrua e redescubra novas formas e faces desse vazio. Quem ele realmente é? Há quanto tempo está em você?

Prossiga para o próximo sentimento (importante lembrar que o sentimento sempre será o primeiro a iniciar a conversa).

Ao refazer o exercício, irá perceber que esses sentimentos se tornarão mais íntimos e perceptíveis a você. Quanto mais entrar em contato com eles, melhor!

Observe a diferença de cada um deles quando o exercício for refeito.

Caso II

Uma linda mulher e suas cicatrizes

Quando se olhava no espelho, via uma imagem refletida totalmente desfigurada.

A mulher, na faixa dos trinta e cinco anos, alta, loira e de olhos verdes enormes, possuía um transtorno de disforia corporal, muito presente no quadro borderline.

Quem não entendesse o problema real, diria que ela estava fazendo tipo, que era impossível que se achasse de fato feia. No entanto, sentia-se sempre o patinho feio, a mais feia das criaturas da terra, indigna de ser amada.

Além da dismorfia corporal, tinha uma impulsividade dilacerante, descontrolava-se facilmente com namorados e amigos, inclusive provocando brigas físicas e verbais.

Nos relacionamentos sempre precisava ter o controle; o medo de abandono a fazia pesquisar senhas de redes sociais, enviar mensagens anônimas para mulheres que julgava "perigosas"; a tolerância era zero frente a qualquer situação que o namorado colocasse de uma forma que viria para ela como provocação, sarcasmo, rejeição, abandono.

Ataques de fúria eram constantes, inclusive com objetos cortantes da casa.

Lembro-me de que, na primeira consulta, olhou-me assustada, como se estivesse num confessionário (e de certa forma estava) e disse:

"Eu machuco pessoas. Machuco até deixar feridas, hematomas, eu sou um monstro!"

Não conseguia se estabelecer em trabalho algum, pois a impulsividade não era controlada diante de pessoas que poderiam estar caçoando dela (possuía uma alta visão distorcida e persecutória dos outros).

"Afinal, se todos me acham horrível e inútil, devo me defender."

A defesa a que se referia era tanto contra os outros como contra ela mesma. Machucava-se sempre, feria-se com giletes, facas, enforcava-se com sacos. Batia-se contra a parede e se machucava, gritando ser merecedora de dor e sofrimento.

Aos 35 anos de idade já tentara o suicídio dez vezes e fora internada em três ocasiões.

A família estava desorientada e doente, o atual namorado confessou-me estar descrente de qualquer melhora. Todos estavam assustados, depressivos e cansados de conviver com Milena.

Lembro-me bem de uma sessão em que a mãe me confessou não aguentar mais tamanha pressão, o pai a descreveu como um monstro e tentou encontrar fatos para justificar suas atitudes. Afinal, era culpa deles?

Era constante a dissociação, tinha crises de pânico e ansiedade e estava sempre no limite... de tudo!

Começou a exagerar em tudo, na busca por um consolo, uma reparação; tornou-se promíscua, levando moradores de rua a sua casa; bebendo demais; usando drogas de todos os tipos; dirigindo alcoolizada.

Sustentava amantes que trazia da rua, dando-lhes dinheiro em troca de afeto. Quando iam embora, suplicava para que ficassem e voltava ao consultório em estado de fúria e melancolia.

Cada homem que encontrava era o amor de sua vida e, no rompimento, sentia a dor do luto de forma extrema. Substituía pessoas e novamente estas passavam a ser o grande amor de sua vida.

Estava num estado pleno de codependência afetiva e total falta de consciência do self.

Lembro-me bem que se envolveu com homens perigosos, traficantes, abusadores, mas justificava:

"Quem mais poderá me amar? Devo tudo a ele".

Transtornos alimentares também faziam parte de seu quadro.

Ela comia demais até se sentir entupida, depois vomitava (bulimia), alternava esse quadro com o da anorexia, quando uma simples folha de alface passava a ser perigosa para ela.

A sua beleza era vista como a imagem mais detestável e feia da face da terra, a sua inteligência era inutilizada na busca de amores eternos, drogas e afetos.

Bateu o carro diversas vezes e, em um desses eventos, se machucou gravemente.

Estava totalmente distante de qualquer percepção de quem era, do que gostava; metas não existiam, apenas o momento presente, e este deveria ser intenso demais, só assim ela acreditava se libertar um pouco da dor.

Começou a se automutilar para sentir alívio, contava que era prazeroso observar o sangue, e também a dor física ajudava a trazer-lhe mais paz interna. Seu corpo passou a ficar repleto de marcas, cicatrizes e lágrimas.

O ponto principal foi encontrado quando após dois anos de processo, ela relembrou um abuso sofrido durante a infância. O pai abusava dela constantemente, além de trazer alguns amigos que assim o faziam também.

Trabalhamos cada dor inclusa em cada idade, cada sentimento de rejeição e perda. Ela quis parar diversas vezes, ia e voltava, me desafiava, mas ficava.

Eu senti que a linda mulher queria, mais do que tudo, sair desse processo de dor eterna, de luto abismal, de sensação de possuir esse abismo crônico.

Mexer na dor doía demais, mas ela era corajosa, valente, queria a cura, queria o alívio, e assim prosseguimos entre altos e baixos.

Até que conseguimos! Juntas, juntamos os pedaços do quebra-cabeça de sua vida, suas dores, frustrações, sentimentos guardados a sete chaves no inconsciente, fatos não revelados.

Hoje ela está há seis anos sem qualquer traço da doença, casada e com um filho.

Ao escrever estas linhas, me emociono ao lembrar da linda mulher que, finalmente, encontrou sua real identidade e conseguiu voltar a sorrir.

Exercício do espelho – Sentimentos diversos

Quero que se coloque à frente de um espelho real ou imaginário (almofada, etc.) e se observe ao máximo durante um longo tempo.

Descreva o que enxerga fisicamente em você e a sensação que isso lhe traz.

Após a percepção externa, quero que imagine que esse espelho tem o poder de enxergar você por dentro.

O que ele enxerga sobre você? Existe beleza interna? Faça com que o espelho realmente te mapeie e anote tudo, fazendo comparações entre as percepções físicas e emocionais que este lhe traz.

Muitas vezes, você perceberá que a sensação física será igual à interior, ou seja, quanto mais você se visualizar feia por fora, o mesmo processo será visto internamente.

Isso porque o que você está enxergando é dor e sofrimento, e essas sensações podem lhe oferecer uma falsa percepção *de quem* e *como* você realmente é como pessoa.

Agora vou pedir para que você se deite confortavelmente e feche bem os olhos, sempre relaxando o corpo como descrito no exercício anterior.

Imagine-se caminhando por uma sala grande cheia de espelhos, e encontre um local para sentar. Você agora irá localizar diversos espelhos e literalmente conversar com eles, certo?

Esses espelhos representam sentimentos e têm a capacidade de modificar a forma como você se sente.

Mas é preciso, antes da modificação, uma leitura completa sobre você, e eles são capazes de fazer isso com muita clareza.

Você buscará os seguintes espelhos:

- espelho do vazio
- espelho da impulsividade
- espelho do amor
- espelho da autoestima

Dirija-se ao primeiro espelho e converse com ele.

Ângela iniciou o exercício e postou-se à frente do espelho do vazio.

Pedi a ela que me contasse o que esse espelho falava sobre o vazio.

Ela observou um espelho enorme e embaçado, que lhe contava que o vazio dentro de si era gigantesco e muito enraizado.

Pedi para que continuasse a falar com ele, afinal, esse vazio deveria ter um começo, meio e fim.

Ela continuou a conversa e o espelho lhe disse que o vazio inicia na infância, quando os pais se separam e ela se sente num conflito muito grande.

Lembra-se de que ambos se afastaram muito dela nessa fase, e a sensação de vazio começou a se instalar dentro dela.

Na adolescência, o vazio surge novamente com muita força, sentido nas paixões platônicas que ela passa a ter, continua dentro dela quando inicia seus contatos físicos e afetivos, permanecendo muito forte nos momentos de separação.

A separação trazia a sensação de rejeição e abandono dos pais e, dessa vez, ela não poderia permitir mais isso. Mas era impotente frente à situação de uma outra pessoa indo embora e, nesses momentos, o vazio tornava-se tão grande que ela cita uma sensação de falta de ar.

Agora que ela sentiu tudo com muita força e reviveu os sentimentos do vazio de sua história de vida, lembro-lhe que esse espelho pode modificar o que ela sente.

Peço para que ela sinta algo diferente do vazio, seja o que for, mas que traga à sua memória outras sensações de todas as épocas em que relatou sentir o vazio.

Da infância, ela consegue lembrar-se de que, na época da separação dos pais, existia uma amiga especial, e que nesses momentos havia, sim, um sentimento de alívio e felicidade.

Mais tarde, ao fantasiar amores, junto à dor da solidão, existia a presença da sensação de pertencer ao criar.

Nos relacionamentos amorosos futuros, ela consegue trazer conforto via ajuda dos amigos nas separações e até certo sentimento de liberdade.

Perceba que, muitas vezes, o sentimento ruim se fixa com mais facilidade em nossa memória. Isso não significa que os bons não existiram e foram talvez tão fortes quando os ruins.

O objetivo desse exercício é que você vá reconhecendo outros sentimentos que estão dentro de você e dos quais não tem consciência. Faça esse trabalho de busca com todos os espelhos e vá identificando sentimentos perdidos, escondidos, mas existentes.

Repita para chegar a diversos sentimentos, ou se não conseguir identificar estes na primeira tentativa, continue tentando, deixe que o espelho lhe traga todas as sensações possíveis e esquecidas em você.

Não se importe com o tempo, faça sempre com calma e repita continuamente para comparar as percepções dos espelhos em dias diferentes.

Importante: no espelho do amor, concentre-se bastante em suas sensações positivas daquilo que ama, daqueles que amou e ama, seus sonhos e metas.

Nesse sentimento específico, você não precisa fazer o espelho lhe trazer novas sensações. O importante é a identificação de sentimentos positivos.

Caso o espelho lhe traga sensações negativas sobre o amor, aí sim – use-o para lhe trazer sensações reais e diferentes.

Com esse exercício, você estará descontruindo a ideia de um único sentimento ruim e conseguirá elaborar mais uma mistura de sensações que podem, sim, caminhar juntas dentro de nós.

Estamos aqui nos conhecendo e também trabalhando contra a ideia de 8 ou 80.

Caso III

Predador ou presa?

Ele tinha essa espécie de olhar inconformado, a injustiça era a queixa principal, o passado ainda ressoava diariamente em sua mente.

Sofrera um bullying muito pesado. Desde que se conhecera por gente, fora chamado por todos os nomes humilhantes e desagradáveis possíveis. Era o patinho feio da sala, o gordo desajeitado, o garoto que merecia ter a cabeça empurrada dentro do vaso sanitário diversas vezes.

Aos 38 anos, se considerava um sobrevivente de guerra, porém questionava ainda se sua vida fora uma vitória, pois as consequências da humilhação lhe trouxeram a sensação de vazio, medos intensos, impulsividade, raiva exagerada, ataques de fúria, pânico, pavor de rejeição e abandono.

Dizia que tudo se tornara 8 ou 80 em sua vida e que o amor só poderia ser vivido se extremamente forte e intenso, e as amizades eram tidas como preciosas ou desprezíveis, bastava uma palavra de desconforto e ele passava a odiar a quem anteriormente julgava amar.

O fato é que estava sofrendo muito e decidira buscar ajuda, mesmo sem acreditar em processos terapêuticos, viera como um "quem sabe, eu possa...!".

E acabou ficando, que bom! O processo durou alguns anos, embarcamos juntos num mundo melancólico e depressivo, no qual ele nada tinha mais a perder.

Foi difícil conseguir costurar uma identidade tão fragmentada e uma estrutura tão defensiva como a dele.

Lembro-me de um fato interessante:

Ele sempre abordava a reflexão sobre ser a presa ou o predador. Tinha o costume de assistir a filmes em que sempre havia um vilão e uma vítima, um sequestro, um abuso, uma situação na qual duas pessoas estereotipadas no bem e no mal interagiam entre vida e morte.

Questionava sempre qual seria o seu papel nessas histórias, seria ele a presa ou o predador? Identificava-se com ambos e sentia-se confuso com tal conclusão.

Via no olhar do vilão a sua própria raiva; via no olhar da vítima a sua decepção e humilhação com o mundo, o seu medo.

Precisaria ele ser um dos dois? Haveria um meio-termo entre esses dois personagens?

Trabalhamos nisso por muito tempo.

Juntando cada vez mais as peças de sua verdadeira essência, ele ressurge nem como vilão e nem como vítima, mas, sim, como um ser humano que sofreu e desenvolveu mecanismos de defesa para tentar se defender de tudo e de todos.

Reconheceu o quando estava descontente com as pessoas e desacreditado delas, tendo atitudes agressivas com quem amava, expulsando propositalmente aquelas de quem gostava de sua vida.

O bullying teve um papel importantíssimo na fusão dessa alma, foi como um divisor de águas; uma personalidade já um tanto frágil que se depara com a humilhação de anos – durante os quais todos dizem que ele é inferior – pode fazer com que ele realmente acredite nisso.

Hoje ele lidera um projeto antibullying, levando informações a escolas e trabalhando com a informação e prevenção.

Lembro-me dele com muito carinho e penso na sociedade e seus ataques constantes aos da mesma espécie. Somos tais gladiadores enfurecidos, muitas vezes queremos atingir apenas por diversão e prazer, satisfação do ego, necessidade de rebaixar o outro para sentir que somos superiores e felizes.

É preciso trabalhar desde muito cedo a percepção de respeito e empatia frente a outro ser humano. Uma criança com experiência de conscientização dos limites próprios e dos outros, terá muita chance de não desenvolver o transtorno borderline.

Voltarei a esse assunto de forma mais complexa no capítulo para familiares.

Exercício do Equilíbrio – Desconstruindo o 8 ou 80

Quando falamos em *splitting*, estamos nos referindo ao mundo 8 ou 80 do borderline.

Amar alguém e logo descartar, sem sentir mais afeto ou até mesmo passar a odiar, pode fazer parte do seu dia a dia.

Pense nas pessoas que passaram por sua vida. Imagine quantas você já colocou no pedestal para depois odiá-la da forma mais intensa possível.

Quantas você jurou amar e realmente sentiu que dessa vez seria para sempre e percebeu que essa pessoa não valia absolutamente nada? Relembre o quanto amou e odiou e perceba o gatilho que o fez mudar de visão sobre o outro tão rápida e abruptamente.

O que essas pessoas fizeram de fato para você? (Lembre-se do que disseram ou como agiram).

Como você se sentiu quando essa pessoa se tornou o oposto daquilo que imaginava que ela era?

Nesse exercício, vamos desconstruir o *splitting*. Isso será extremamente útil para você em toda a sua vida, ajudará a enxergar os outros de forma mais orgânica e real, assim como situações em sua vida que exigem o entendimento do meio-termo, do equilíbrio como forma de sabedoria e até sobrevivência.

Quero que pense em três pessoas, mas é necessário que uma delas seja alguém de quem você desgosta enormemente; a outra seja alguém de quem você já gostou, mas passou a odiar ou simplesmente deletou os sentimentos; e a terceira será alguém de quem você de fato gosta demais.

Essas três pessoas serão desconstruídas por você, é necessário que faça uma reflexão profunda, uma pessoa por vez, e pense em coisas boas e ruins delas.

Caso ache impossível, prossiga tentando. Por mais desagradável que seja conseguir elogiar a quem odiamos, sempre encontraremos características positivas.

Da mesma forma, quando enaltecemos alguém, tendemos a acreditar que essa pessoa não possui nada de ruim, mas tem seus defeitos, assim como todos nós.

Reflita bem sobre essa desconstrução, observe as sensações que vai tendo durante o exercício e repita-o com diversas pessoas, todas que julgar necessário.

Uma boa forma de iniciar é fazendo o exercício com você mesmo: pense no que há de bom em você e no que há de ruim. Após ter descontruído diversas pessoas, volte sempre a você novamente e repita o exercício, observando o que modificou na sua percepção sobre si mesmo e sobre os outros.

João desconstruiu em consultório a sua mãe, uma pessoa que ele julgava totalmente indiferente em sua vida. Alegava que já a amara demais, mas após tanta rejeição passou a odiá-la e, depois, a não sentir mais absolutamente nada.

Vejamos como ficou a desconstrução da mãe de João:

Aspectos positivos:
- Dedicada ao trabalho
- Amorosa com diversas pessoas
- Persistente
- Batalhadora
- Romântica

Aspectos negativos:
- Muito explosiva
- Sentimental demais
- Ausente em diversas situações
- Frágil ao extremo

Interessante ressaltar que, ao fazer o exercício, João percebe muita similaridade entre ele e a mãe, nos aspectos positivos e negativos.

Começa aí uma nova percepção de que ela talvez não o tenha ignorado e rejeitado da forma como ele sentiu, mas, sim, houve diversas falhas de comunicação que os afastaram. Foi mais fácil lidar com o meio-termo, conforme trabalhamos pessoas que João odiava, ignorava ou amava demais.

Hoje ele observa com maior cautela o outro, e reações muito rígidas de amor e desamor são desconstruídas automaticamente.

João prossegue fazendo e refazendo o exercício, no seu dia a dia, com pessoas do trabalho, amigos, namoradas.

A visão que possui de si mesmo após tantas desconstruções é totalmente diferente; ele não precisa ser o ser mais odioso do mundo e nem tampouco o melhor e o único que entende o mundo.

Exercício das máscaras

Até agora trabalhamos diversos exercícios que exercitaram a sua forma de enxergar a si mesmo e aos outros.

Pense em como os exercícios te ajudaram ou não, quais sentimentos trouxeram à tona, quais reflexões, o que modificou em você? Leve as respostas à sua terapia, compartilhe com amigos de confiança; é importante o ato de dividir e confiar.

Deixarei algumas questões para que você responda. Estaremos entrando agora num mundo de identidades e sei bem que sua pode parecer não existir, mas garanto que está apenas perdida.

- Quem sou eu?
- Quem é você de fato? O que você sente como sendo parte de você e de sua essência?
- Quem é o outro de verdade?
- Quem eu sou sem o outro?
- Quem eu sou com o outro?
- Quem eu creio ser perante a sociedade?
- Quantas máscaras eu criei e por quê?

Descreva todas as máscaras, seus significados, suas essências.

Vamos ajudá-lo a fazer esse exercício citando Sandra, com quem trabalhei as máscaras por um bom tempo e o resultado foi fascinante.

No início do "quem eu sou" foi muitíssimo difícil para ela conseguir se definir. Lembro-me de que me olhou com expressão de indignação e disse: "Eu não tenho a menor ideia de quem eu seja".

Com o tempo algumas respostas foram surgindo.

Pedi para que ela se concentrasse inteiramente naquilo que tinha certeza de ser, o que lhe pertencia de fato, o que abrigava a sua essência sem que tivesse copiado ou se influenciado por outros.

Chegou às seguintes conclusões:

Tinha certeza de que era uma pessoa triste, criativa, que amava os animais, que gostava muito da cor azul e de natureza.

Ok.... pareceu pouco? Ela conseguiu encontrar essas respostas após longos meses.

Depois de um tempo, conseguiu acrescentar mais itens à sua lista de "essência real": era apaixonada por arte e literatura, era bondosa, mimada, infantil, vingativa, uma excelente amiga, uma pessoa correta que odiava injustiça e lutava contra o preconceito em geral.

Já estamos com uma Sandra bem mais definida, que bom! Descobriu que gostava de tirar fotos, brincar com crianças, entrar no mar, não gostava de esportes, sentia-se admirada com o pôr do sol e era extremamente explosiva quando se sentia frustrada.

Amava demais e amava de menos, não era materialista, cursara medicina, mas seu sonho era filosofia e história. Sonhadora, intempestiva, exagerada, adorava bolo de limão, odiava bolo de chocolate.

Importante: tudo isso ela foi percebendo com o passar do tempo e após filtrarmos o que ela havia criado como sendo sua identidade, copiado e até acreditado. Inclusive a própria falta de percepção de quem era, tornava-a uma presa fácil para ser o que imaginava que os outros queriam que ela fosse.

Lembrou-se de histórias em que copiava os outros sem perceber. Essas cópias vinham principalmente de namorados, sentia imediatamente que queria absorver tudo o que eles eram, suas ideias, sonhos, profissões, jeito de ser.

Ficou indignada ao perceber que já estivera apaixonada por gostos musicais de que nunca gostara de fato, estilos de roupas, matérias escolares, livros, profissões.

Repensamos muito sobre o que ela havia acreditado ser ela, e ficou muito claro que fizera tudo isso inconscientemente, no desespero por tapar um vazio gigantesco e por finalmente sentir-se "repleta e cheia por dentro".

Copiou e acreditou fazerem parte dela diversas coisas que nunca lhe pertenceram de fato.

Mas para chegarmos à sua real essência, precisei praticar com ela a exaustiva busca pela sua origem real, desde a infância, seus sentimentos de medo, abandono, amor.

Para isso, observei bem tudo o que ela expressava sobre a sua vida toda e separei as fases que lhe foram mais marcantes:

- As idades eram 4, 8, 13, 17, 21 e 25 (idade atual).

Dividimos essas idades como se fossem pessoas que ela observava e descobrimos identidades muito interessantes em cada uma delas.

Cada idade será representada aqui como exemplo, para você poder criar as suas – sempre lembrando que os sentimentos são as maiores referências em que você deve pensar sempre.

Vamos ver como ficaram as diversas idades e identidades de Sandra:

4 anos – Abandono, medo ao ficar sozinha, necessidade de atenção, adoração por um gato que tinha na época.

8 anos – Babá de quem gostava muito foi embora, causando uma sensação de desamparo grande; medo continua ao ficar sozinha, pesadelos com um homem segurando uma mala e dando-lhe um sorriso.

Uma amiga (a única?) muito especial. Alguns amigos imaginários quando se sentia muito sozinha.

Após algum tempo trabalhando a idade de 8 anos, Sandra acaba se recordando da imagem do pai indo embora, uma cena que acontecera aos 4 anos de idade.

Percebemos que o abandono (e a primeira manifestação do quadro border) iniciou-se, então, aos 4 anos de idade, mas a doença ainda estava "calada".

13 anos – Um amor platônico, dor de amor insuportável quando tem a percepção desse amor ser irreal e nada correspondido.

Uma situação de perda de alguém muito próximo: sua avó paterna.

Pesadelos se intensificam e mostram o homem com a mala se transformando em um ser demoníaco e tentando pegá-la.

Surgem amizades mais frequentes e a sensação de sentir-se feia e desajeitada se torna muito forte.

Sofre *bullying* na escola e começa ter raiva de pessoas.

Fica reclusa o maior tempo possível.

Um sentimento muito forte dessa época é o da mãe a ajudando nos trabalhos da escola, volta-lhe a sensação de prazer desses pequenos e preciosos momentos.

Aos 17 anos, ela percebe ter o primeiro episódio borderline, quando quebra a casa inteira de um namorado durante uma briga, causada por ela acreditar que ele a estivesse traindo.

Nessa fase entram as drogas, o excesso de sexo com parceiros desconhecidos e a sensação de estar sempre "no limite de tudo". Surge também a forte percepção de que não consegue ficar sozinha, que isso lhe causa enorme aflição, e necessidade de buscar pessoas que estejam ao seu lado para diminuir a dor e o vazio.

Não encontrando alguém, a compulsão por alguma coisa que temporariamente a preencha se torna rotina, como a comida excessiva, o álcool, o cigarro.

Entre os 21 e os 25 anos, Sandra está totalmente perdida, relacionando-se com inúmeros homens e substituindo-os no desespero de evitar abandonos e frustrações.

Nessa fase percebemos que a cópia de outras identidades se torna imensa, ela começa a copiar estilos, roupas, músicas, profissões, gostos.

Há um desespero por não saber quem ela é e uma necessidade inexorável de ser alguém, e para isso ela prossegue em buscar pessoas e imitar suas características, acreditando que naquele momento as tem, mas sentindo um desencanto a cada quebra de vínculo e buscando novamente outras identidades.

Decide finalmente buscar ajuda!

Agora que Sandra e eu trabalhamos exaustivamente em suas fases e sentimentos, fazendo um cronograma sentimental de sua vida, podemos criar as máscaras que podem ajudá-la ainda mais a chegar ao ponto crucial: "Quem eu realmente sou?".

Para a criação das máscaras, use a criatividade junto à sua sabedoria já reconhecida e conhecida sobre o seu self. Vamos agora brincar de construir você mesmo num esquema de personas, máscaras e perfis que serão bem diferentes uns dos outros, mas dirão muito a seu respeito e acrescentarão mais elementos para a descoberta de sua identidade perdida ou bagunçada.

Explicarei prosseguindo com os exemplos de Sandra.

Agora já havíamos trabalhado cada uma das fases importantes e específicas de sua vida durante bastante tempo, trazendo-nos mais e mais informações sobre a sua verdadeira essência.

Para criar as várias identidades, peço-lhe que se imagine dividida em muitas e que, para cada personagem criado, exista um montante grande de informações e detalhes sobre estes.

Coloco ênfase nos detalhes, pois são importantes: por exemplo, cada personagem exige características muito próprias, além de estilos de roupa (caso isso vier à mente) e maneiras de se portar frente à vida; caso queira, eles podem ter nomes também.

O mais importante é não elaborar isso objetivamente, mas deixar a sua mente guiar a construção de cada parte.

Sandra se dividiu em três personagens, vamos observá-los:

Katienen foi o nome dado a uma identidade muito sedutora, altamente sexualizada e libidinosa. Fisicamente era alta, forte e adorava a prática constante de esportes.

Morava numa fazenda, onde tinha diversas espécies de animais selvagens, plantas exóticas e muita natureza para desfrutar.

Katienen adorava cavalgar, a sensação de estar e ser livre era-lhe muito importante.

Tinha três amantes, não queria de forma alguma se relacionar seriamente com nenhum deles. Gostava da solidão, e o sexo era vivido plenamente.

Era bastante impulsiva às vezes, geralmente era bastante calma, mas não gostava de levar desaforo ou ser ridicularizada por ninguém, principalmente pela figura masculina.

Ela não pensava muito em abandono e rejeição, pois escolhera uma vida solitária por prazer e satisfação.

Apesar de tudo, possuía uma alma romântica e extremamente voltada para o afeto, adorava seduzir e surpreender seus parceiros com jogos sexuais, cenários diferentes, novas brincadeiras.

Manifestava pouca raiva, mas quando algum animal seu morria, sentia-se angustiada de uma forma inexplicável.

Adorava dançar sozinha pela casa e, de vez em quando, gostava de criar festas, convidando os poucos amigos para noitadas regadas a vinho e risadas, por dias.

Não tinha mais contato com seus pais, ambos moravam longe e ela não sentia necessidade de vê-los. Achava que não amava os pais, apenas os respeitava.

Tinha empatia com o ser humano, mas não era muito sociável, mas gostava de praticar o bem e ajudar diversas instituições filantrópicas.

A vida de Katienen era solta, feliz e descomplicada, suas roupas se resumiam a vestidos soltos e floridos e sandálias de dedo.

Muito mais foi construído nessa personagem, porém já podemos ter uma percepção grande a seu respeito.

A segunda personagem chamava-se Karem, uma mulher de estatura pequena, que se sentia muito infeliz. A solidão a cercava por todos os lados e contexto de vida, a intensidade era forte demais, queria demais, queria tudo em demasia e exagero, não bastava ser amor, precisava ser o maior amor do mundo.

Tinha a sensação de que nunca encontraria equilíbrio, pois nada era suficiente o bastante.

Apaixonava-se com facilidade, mas no dia a dia, acabava se cansando, pois ninguém conseguia lhe dar o que queria, o inatingível.

Era muito boa em exatas e trabalhava com números, contabilidade.

Com os números as coisas eram mais fáceis, eles eram mais fáceis de lidar do que as pessoas.

Karem sofria por causa dos pais que nunca lhe haviam dado a atenção necessária.

Tinha crises de fúria e era extremamente vingativa; bastava alguém desafiá-la e ela já começava a planejar uma vingança, mas geralmente isso ficava apenas em sua mente.

O vazio que sentia a fazia ir em busca de emoção.

Andava nua pela casa, castigava-se sentindo frio propositalmente, sentia que precisava se punir o tempo inteiro.

Era impulsiva, escandalosa, sentia culpa e remorso, mas também muita raiva.

Karem sofria até ao respirar.

A terceira personagem era uma criança. Não soube dar-lhe um nome.

Tinha aproximadamente 4 ou 5 anos de idade e era muito tímida e reservada.

Gostava muito de seus brinquedos, principalmente dos animais de pelúcia.

Sentia-se só e adorava o contato com a mãe e o pai, quando iam passear e andar na praia (moravam à beira-mar).

Adorava o mar e o sorriso de um homem adulto que não saberia identificar quem era.

Sentia-se triste, adorava dar e receber carinho, queria poder ter mais amigos.

Era muito meiga e bondosa, pintava bastante, fazia desenhos para presentear os pais e agradá-los.

Tinha medo do escuro e de dormir, pois durante muitas noites ouvia brigas no quarto ao lado. Seus pais discutiam e falavam sobre homens, algo que trazia muita raiva ao pai; algumas vezes ela ouvia gritos e depois um silêncio mórbido.

Esse silêncio representava a morte, o nada; algum dos dois estaria morto após as brigas? Os dois? As noites eram desesperadoras.

Vamos agora analisar Sandra e seus personagens:

O que ela e katien têm em comum e de diferente?

Sandra me diz que Katien é a mulher que sempre quis ser, livre, dona de seus atos, sedutora, mas não dependente, esperta, forte e com uma ótima autoestima.

Em comum havia o gosto pelos animais e pela natureza.

Trabalhando bastante essa personagem, Sandra irá perceber que possui absolutamente tudo em comum com Katien, apenas não sabe como usar.

O gosto pela liberdade é de ambas, mas uma decide bancar isso como princípio de vida; a outra não consegue e segue buscando relações dependentes para sobreviver.

Mais tarde, aproximadamente dentro de 6 meses, eu veria Sandra sorrir e brincar comigo dizendo que agora era uma versão melhorada de Katien.

Perceba que a segunda personagem é a própria Sandra. Ela me diz que entre ela e Karem não há diferença, ambas querem o mundo e sofrem com isso. Ambas só conseguem enxergar migalhas e vivenciar pequeno; tudo é muito pouco fora delas e tudo é muito grande dentro delas.

Na criança, acabamos identificando lembranças escondidas, fatos que haviam ficado em algum canto escuro de um pequeno quartinho, em seu inconsciente.

Os pais realmente brigavam muito, ela relembra, e nesses momentos percebia a sensação de angústia se alastrando pelo corpo, achava que estava perdendo-os a cada briga que se seguia num silêncio cruel.

E finalmente chega o dia fatal, em que seu pai coloca tudo em uma mala enorme, olha bem para ela dizendo que a ama e sai pela porta sem nunca mais voltar.

Trabalho com ela o exercício de interação entre os personagens, em que um irá conversar com o outro. (Aqui você pode fazer representando ambos ou pedir para que alguém de sua confiança faça uma das partes.)

O interessante é que quanto mais essas partes conversam, a conexão vai ficando visível e orgânica. Durante esse processo, Sandra não é apenas Sandra, ela é Katien, Karen e a criança, todas juntas.

O equilíbrio de uma percepção de identidade traz paz e tranquilidade para Sandra, deixando-a com muito entendimento dos fatos de sua vida e de quem ela realmente é.

Toda cura ou melhora exige um confronto com nossos fantasmas mais cruéis; toda identidade do borderline existe, mas está esparramada, dividida, oculta.

Todo borderline tem total possibilidade de melhorar quando de fato se conhece de verdade.

Exercício da solidão

Eu sei que a solidão para você é algo terrível, mas precisa enfrentá-la para estar bem em sua própria companhia.

Esse exercício pode parecer muito fácil para quem não é borderline, mas sei o quanto será penoso para você. Não se apresse, o tempo sempre nos proporciona mais tempo e isso é admirável.

Quero que você observe a sua solidão e faça isso todos os dias, aumentando o tempo conforme você sentir ser possível e viável.

Comece a observação por 5 minutos, por exemplo. Esteja sozinho, mas mais do que isso, sinta-se sozinho e observe o que isso lhe traz como consequências e sensações.

Conforme for praticando, irá sentir-se mais íntimo de si mesmo e, automaticamente, aumentará o tempo de solidão.

Quero que observe o que há de bom na solidão também. Tenho certeza de que você achará muitos benefícios nela.

Alguns questionamentos que você pode se fazer durante o exercício:

- Como me sinto e quais sentimentos estou tendo agora?
- Como é estar sozinho na minha própria companhia?
- Como posso modificar sentimentos ruins em bem-estar?
- Quais os pontos positivos dessa solidão?
- O que devo pensar, lembrar ou fazer para que essa solidão se torne mais agradável com o tempo?
- Como deixar de ser escravo da solidão e passar a gostar dela?

We´re possible

Você que ama um borderline, seja você uma mãe, pai, irmão, amigo, namorado(a), vamos trabalhar o estresse que vive no seu dia a dia.

Vamos praticar exercícios que o ajudem a entender melhor o seu familiar, saber lidar com ele num momento de crise e identificar a sua maneira de interação nesse relacionamento.

Livrando-se da culpa

Muitos familiares podem sentir-se extremamente culpados pelo transtorno do borderline amado. Essa culpa não ajudará em nada, nem para você e muito menos para a pessoa em questão.

Quero que pense sobre a culpa e de que forma ela surge em você. Tente entender o porquê desse sentimento, se ele é racional ou faz parte de um instinto protetor.

Questione-se onde a culpa surgiu, em qual momento, de qual forma, quão grande ela é, como ela se instalou em você.

A mãe de uma paciente borderline se declara extremamente culpada pela condição da filha. Pergunto-lhe sobre essa culpa e ela revela:

"Sinto que quando Mariana era pequena, eu lhe dava pouco carinho, não porque queria, e sim porque tinha uma vida muito difícil, era uma mãe muito jovem e sem ajuda paterna ou familiar.

Precisava fazer de tudo pra trazer dinheiro e prover dois filhos pequenos.

Lembro-me de que Mariana me esperava sempre choramingando, atrás de um sofá pequeno que tínhamos na época.

Eu estava tão cansada! Queria tanto poder abraçá-la e brincar com ela, mas a apatia me derrubava e o cansaço era extremo; o estresse estava além da conta, e tudo o que eu queria era dormir bem.

Geralmente as crianças ficavam com uma vizinha, que se tornara uma espécie de babá. Sentia na época a representação de mãe que ela passou a ter e confesso que sentia ciúmes, mas nada podia fazer. O pai delas havia ido embora, e eu era uma mulher de 22 anos com dois filhos pra cuidar e muita falta de energia e alegria na vida".

Nesse caso, Valéria, mãe de Mariana, está identificando o início da culpa. Acredita que ela é culpada pela falta que causou na filha.

Conversamos muito sobre essa culpa e mencionei o quanto ela estava dando pouca importância a fatos reais da época, uma época que não poderia voltar mais a ser modificada. Mas que o presente poderia sempre ser um ótimo recomeço.

Pergunto se ela já compartilhou essa culpa com a filha, e ela diz que nunca teve coragem. Incentivo-a a fazer isso, é preciso que ela mostre à filha que se importa, que sente culpa e explique tudo o que vivia na época.

A filha terá consciência da interpretação de solidão que poderá ter sentido nessa fase, entendendo o lado da mãe e renovando informações fixadas numa mente ainda muito jovem.

Por isso, seja qual for a sua culpa, sente-se e compartilhe com a família e com a pessoa que possui o TPB. Deixe-a questionar, explique de fato como se sentia, o quanto queria e não conseguiu.

Outras mães (ou parentes) dizem que não tiveram a menor ideia de onde "erraram" no passado, mas que a culpa se instalou de forma inexorável.

Se você se encaixa nesse caso, é essencial que identifique a culpa, coloque a palavra "talvez" enquanto pensa e isso irá lhe ajudar:

> *"Talvez eu trabalhasse demais, talvez eu me importasse muito comigo mesma, talvez eu percebesse que o pai era muito presente ou ausente e agi de forma a tentar consertar, talvez eu ainda não fosse madura o suficiente..."*

Após identificar e encarar as suas culpas, quero que troque a palavra culpa por responsabilidade.

Você começará a usar essa palavra em todas as suas afirmações e pensamentos:

"Não sou culpada, mas posso, sim, ter sido responsável".

A culpa é um dos sentimentos mais cruéis que existe, pois nos afunda em tristeza e ansiedade. Quando nos declaramos culpados, nada podemos fazer, estamos fadados ao mal-estar. Porém, quando somos responsáveis, identificamos e lidamos com nossa realidade, sem atribuir um peso tão elevado e cruel a nós mesmos.

Ao conversar com seu ente querido, perceba que, muitas vezes, situações em que você tenha identificado sensações de responsabilidade não são as mesmas em que ele se lembrará de você ausente ou sentindo-se rejeitado.

Pergunte-lhe exatamente como ele sentiu, em qual época, o que sentiu, entenda bem a criança que ele foi e entenda também o adulto que você era na época.

Ao identificar situações de culpa e transformá-las em responsabilidade, você poderá lidar muito melhor com a situação real da sua relação familiar.

Que tipo de parente eu sou?

Assim como é de grande importância o reconhecimento das nossas ações e responsabilidades no passado, é importante também aceitar como estamos agindo em nosso núcleo familiar. Quando existe um conflito com um dos membros da família, obviamente todos irão se abalar; a família poderá se desestruturar e precisará buscar o maior entendimento possível sobre o que de fato está acontecendo.

Você já sabe o que é o transtorno borderline, agora quero que imagine como você e seus familiares agem frente a isso.

Esse próximo exercício é importante para todas as partes mais ligadas ao transtorno, os mais próximos e com maior convivência.

Geralmente temos os nossos perfis, o nosso jeitão de ser, em diversas situações da vida, podemos ser diferentes no trabalho, em casa, numa festa, etc...

O primeiro passo é identificar o seu perfil dentro do núcleo familiar: de que forma você age em situações de conflito? Quando o seu filho(a) tem uma explosão, como você reage?

Vamos trabalhar essa identificação com todos os envolvidos, certo?

Reconheça-se em um dentre os 4 perfis que colocarei aqui e mude os perfis entre vocês. Isso será importante para a mãe entender a forma como o pai age; o irmão; e vice-versa...

- ***Perfil evitador*** – Esse perfil fica quieto, não consegue se expressar durante uma briga familiar. Quando o borderline está em crise, ele permanecerá apático, quieto, dirá sentenças como "não estou entendendo por que tanta raiva", "não sei aonde você está querendo chegar com isso", "isso é uma tempestade em copo d'água!".

- ***Perfil acusador*** – Esse perfil irá acusar o outro, independentemente da situação: *"Por que você não para com isso de uma vez?", "Você deveria ser como o seu irmão, tudo o que você faz é infantil e louco"*.

- ***Perfil apaziguador*** – Perfil que tenta fazer de tudo para deixar tudo para lá, acalmando, tentando ser simpático ao extremo ou colocando panos quentes em tudo: *"Isso não é tão ruim, também me sinto assim", "Eu concordo com tudo o que está dizendo", "Nossa, eu faria o mesmo se fosse você ", "Não é problema seu, os outros é que estão te deixando assim"*.

- ***Perfil Autoritário*** – Esse perfil usará de hierarquia familiar pra impor ordens e tentar restaurar o caos, mandando e exigindo: *"Você precisa agir dessa forma", "Da próxima vez, você fará o que lhe digo", "Na verdade, você não pensa assim, vou lhe dizer a verdade"*.

Vocês podem praticar esse exercício juntos, será uma experiência maravilhosa.

Cada um irá identificar o seu perfil e vocês propositalmente irão trocar os perfis, então. Por exemplo, a mãe é autoritária e fingirá ser apaziguadora; o irmão é evitador e será o acusador; etc...

Troquem os papéis e um de vocês começará representando o familiar borderline. Criem uma cena de conflito e ajam de acordo com o perfil escolhido.

Isso trará a vocês o seguinte: a sensação de como o borderline está se sentindo; a sensação de como o outro parente se sente sendo um perfil diferente.

Mudem os perfis diversas vezes, aprendam a aprender o que a família pensa, como cada membro age e o quanto isso pode ser prejudicial ou não no contexto familiar.

É importante que, após realizado o exercício, vocês comentem sensações e pensem em como podem modificar esses perfis tão rígidos, cada qual à sua maneira.

Todos os 4 perfis são extremamente desestabilizadores e só aumentarão os conflitos.

Você não resolverá nada sendo extremamente passivo, ou fingindo que tudo está bem, evitando encarar a situação de frente, ou usando a força verbal para parar uma situação.

O que mais irá resolver, numa situação de estresse e crise familiar, será o entendimento daquele que está em crise; por isso, agora fornecerei algumas situações em que você poderá agir de forma mais madura e gerar maior confiança em sua família e nas pessoas que estão sofrendo – geralmente todos vocês!

O borderline e a crise

Quando falamos em crise do borderline, temos várias formas de manifestação. Estas podem ser violentas, contra eles mesmos ou alguém da família, podem vir como um isolamento ou episódios recorrentes de automutilações (compulsões autoagressões) ou despersonalizações.

Vamos abordar aqui a crise agressiva, contra ele mesmo ou contra você.

Durante a crise é importante que você não rebata, não grite de volta, muito menos use de força física para detê-lo.

Se você pudesse ler a mente dele durante a crise, ouviria a seguinte informação: "Eu me odeio tanto e preciso descontar essa raiva na pessoa mais próxima, mas tudo o que desejo de fato é carinho e atenção".

Veja, o borderline tem essa forma de pedir carinho, muitas vezes agredindo. É uma maneira que pode parecer estranha pra você, mas a dor dele está sempre à flor da pele, e a percepção de vínculos, distorcida.

Nesses momentos você deve fazer apenas duas coisas, teste ambas as situações e perceba qual delas propiciará um melhor resultado:

- Falar para ele que dará uma volta e voltará dali a um tempo – diga isso de forma carinhosa, deixe claro que não está fugindo, mas respeitando o momento dele. E que está preocupado, sim.
- Tente abraçá-lo durante a crise, sem dizer nada. Se ele aceitar esse gesto, você perceberá que ele estará se acalmando em muito pouco tempo.

Quantas vezes não ouvi em consultório:

"Tudo o que eu queria durante a crise era ser notada e receber carinho".

Percepção do meu "Eu"
(exercício específico para pais de borderline).

Nesse exercício iremos ajudar você a identificar os seus sentimentos mais a fundo.

Imagine a pessoa borderline e feche os olhos, certifique-se de estar tranquila e com tempo para a reflexão.

Imagine o seu filho(a) bem pequeno. Ele é um bebê e requer muito da sua atenção. Você vai até ele e abraça-o com força, porém, quando tem a sensação de que já é suficiente, ele grita novamente por sua atenção. Você volta e lhe dá carinho novamente, pense nessa cena se repetindo várias vezes.

Perceba bem o que lhe vem como sentimento; muitas vezes virão vários sentimentos. Pense em todos eles e separe-os, identifique-os, seja pena, raiva, cansaço, medo, culpa, amor, etc... O importante é que você perceba como se sente durante esse processo de dar atenção, recuar e voltar a ser chamada para mais atenção.

Após ter identificado esses sentimentos, quero que faça esse bebê crescer: imagine-o como criança e a mesma situação acontecer. Você lhe dá comida, brinca com ele e quando se afasta, ele chora e pede por você desesperadamente.

Fique nessa cena e identifique os sentimentos que surgem, são os mesmos?

Faça isso, aumentando a idade dele, não se preocupe com idades exatas, a primeira que lhe vier à mente será automaticamente boa para ser usada no exercício.

Faça isso até alcançar a idade atual de seu filho.

Se sentir necessidade, escreva todas as idades e sentimentos que teve. Isso fará você sair da negação, identificar os seus sentimentos, lhe permitirá separar a confusão de sentimentos que está habitando em você. Sentir que você ajudou e fez o máximo que pôde lhe libertará muito da culpa e, principalmente, demonstra que: se você sente diversas coisas é porque se preocupa e ama, senão não haveria sentimentos explodindo em você.

Faça e refaça esse exercício quantas vezes puder, vá percebendo se os sentimentos modificam, vá observando se a culpa diminui, observe novas formas de sentir, anote tudo, perceba-se diferente, reflita, entenda o seu processo de sentir durante um processo de vida longa.

Agora vamos para a segunda parte do exercício:

Quando esses sentimentos estiverem claros em sua mente, vamos trabalhá-los, principalmente aqueles que você sente que não conseguem ser diminuídos, amenizados durante as várias tentativas de reprodução dessa linha do tempo.

Quando trabalhei esse exercício com Karla, ela imaginou sua filha borderline com 1 ano, pedindo-lhe atenção. Isso trouxe afeto, vontade de lhe dar toda a atenção do mundo. Conforme fomos avançando no exercício, ela começa a sentir raiva da criança que pede cada vez mais, além de frustração e culpa.

Quando chegamos à idade atual da filha, 23 anos, ela já está com todos esses sentimentos amplificados – a culpa, a raiva, a frustração e a sensação de inutilidade e impotência e exaurida.

Após várias práticas, percebemos que a fase em que ela continua tendo tais sentimentos, é na idade infantil e já adulta da filha.

Peço-lhe que se questione sobre os sentimentos e vamos reproduzir a cena, modificando-os.

Agora ela escuta sua criança chorando após várias tentativas de acalento, peço-lhe para modificar a sua ação e ela se imagina dizendo à criança que voltará logo e estará em casa muito em breve, que a ama e que sentirá saudades.

Logo que essa ação é modificada em sua mente, ela já tem uma sensação diferente, sente-se aliviada e sem culpa. A sinceridade e a confiança em si mesma frente à decisão tomam conta dela e a culpa irá se dissipar. Não há mais o sentimento de frustração, pois ela conseguiu de forma honesta verbalizar e mostrar que se importa, sem precisar deixar de sair e fazer o que precisa.

Quando alcançamos a idade adulta da filha, ela sente que pode usar essas informações anteriores nessa cena também: conversar mais, explicar, sem nunca deixar de fazer o que precisa, sem se anular.

Isso trouxe a ela uma compreensão muito apurada de como se sente e dos sentimentos destrutivos presentes dento dela, e na vida real a ajudou a lidar muito melhor com a filha.

Validando o outro com limites

Vamos agora pensar em validação, um processo importantíssimo para o relacionamento com o borderline.

Muitas vezes, quando estamos lidando com alguém que amamos e que sofre, acabamos entrando num estado de codependência com essa pessoa.

Se você entrar nessa simbiose e disser "sim" ou "não" a tudo, estará agindo da pior forma possível, tanto para você quanto para ele. É preciso estabelecer os seus limites e sentir-se uma pessoa separada dele, só assim poderá ajudá-lo de fato.

A validação vem como forma de fazê-lo compreender que ele é amado e que você o entende de verdade, porém é necessário que ele tome consciência das suas preocupações e limites.

Márcia agia com a filha borderline, de 32 anos, em estado total de dúvidas e dependência emocional.

Ela se sentia tão dentro da doença da filha, que acabou se entrelaçando cem por cento nisso, num processo simbiótico e dependente. Parou suas atividades e permaneceu atenta a cada passo da filha, tentando achar alívio quando esta se encontrava melhor e tentando achar a solução quando estava em crise.

Esse mecanismo pode durar a vida toda, caso você não se dê conta de que:

- Você não é onipotente e não pode controlar sozinha essa pessoa.
- Você precisa buscar ajuda profissional para ela e para você.
- Vocês não são a mesma pessoa e o mesmo problema.
- Agindo dessa forma, você estará criando um quadro perigoso de culpa e alívio imediato.

Trabalhando com Márcia, ela mesma percebeu o seu próprio mecanismo de defesa e até egoísmo em estar presa à doença da filha, impossibilitando-a de amadurecer e melhorar.

Buscou reconhecer o padrão de codependência que criou e aceitou estar viciada num processo simbiótico que fazia muito mal a ambas.

Estabeleceu limites, traçou metas para si, decidiu ajudar com maturidade.

Quando a filha fazia algo muito impulsivo, como sair de casa e sumir por dois dias, ela não mais entrava em estado de emergência, porém deixou muito claro: "Eu entendo que você tem esses momentos e precisa extravasar e sumir do mundo, porém eu, como ser humano que te ama, não posso aguentar isso. Toda vez que você some, eu fico preocupada. Só peço que, nesses momentos, me mande mensagens para eu saber que está bem e caso precise de mim, estarei aqui".

O borderline lida bem com a sinceridade, e é dessa forma que você deve agir com ele. Validar é mostrar que entende, e colocar seus sentimentos e limites o fará amadurecer e mudar o comportamento dele.

Se você continuar a agir como uma criança desesperada, serão duas pessoas em luta constante!

Amadureça para que ele amadureça também!!

Cuidando do corpo e da alma

É muito importante que o seu corpo (templo) esteja saudável e a sua mente também.

Pratique exercícios físicos e medite para conseguir um estado de equilíbrio maior.

Mas o mais importante: torne-se presente para você mesmo, não se perca no outro.

Irei passar alguns exercícios, em que você estará trabalhando corpo, mente e alma, sem precisar se deslocar e sair de uma rotina sua.

Experimente fazer algumas tarefas diárias e perceba como o seu corpo reage. Ele está tenso? Você faz as tarefas de forma mecânica?

Vou pedir para que você comece a fazer as mesmas tarefas de forma agradável, cada vez mais. Vá fazendo e sentindo que o seu corpo está mais leve, imagine cada tensão sendo removida de você, pratique o sorriso por estar em movimento.

Após algum tempo de percepção, pedirei que execute essas tarefas como forma de dança: permita-se varrer a casa e criar passos, limpar e coreografar, modifique o rotina ruim para torná-lo em seu momento prazeroso.

Observe alguém, qualquer pessoa, e preste muita atenção em como a está vendo.

Quem é essa pessoa? Você consegue enxergá-la de fato? Feche os olhos e relaxe.

Observe novamente a mesma pessoa, tente observar detalhes despercebidos, tente vê-la com maior precisão.

Observe se você a julga, se imagina como ela seja, se acredita naquilo que pensa, modifique essa observação cada vez mais.

Esse exercício irá ajudar você no entendimento mais real do outro e na percepção de como podemos distorcer e prejulgar pessoas. Traga essa nova experiência para a sua vida real. Observar sem julgar e entender o outro é uma arma essencial.

Entre em contato com a sua consciência, observe um objeto qualquer em sua casa, fixe bem a atenção nele, o que lhe vem à mente? O que é esse objeto? O que você sente ao fixá-lo com atenção?

Agora imagine-se sendo esse objeto, quem é você, então? Sendo esse objeto, como você se sente? Sendo você esse objeto, ele modifica as suas formas, sensações no espaço e tempo?

Agora faça esse mesmo exercício com o seu amado borderline. Imagine-o e sinta tudo o mais forte possível.

- Quem ele é?
- De que forma ele pensa?
- Como ele age?

Agora imagine que você é ele.
- Sendo você ele, o que se modifica?
- Sendo você ele, como se sente?
- Como você age? igual ou diferente?

Esse exercício poderá lhe surpreender muito, muitas pessoas acabam percebendo que, em diversas situações, agiriam de forma semelhante.

Pratique constantemente o poder da mente consciente

Exercício da carta

Diversas vezes, a facilidade de expressar os nossos sentimentos pode ser uma tarefa muito difícil.

Aqui deixarei um exercício que pode parecer fácil, mas creio ser um dos mais complexos e de difícil execução.

Não estipule tempo, apenas reserve algum para a execução dessas cartas. Elas representam as suas memórias, sentimentos sinceros, emoções escondidas e um desabafo sufocado.

Você escreverá cartas para:

- *o seu parente borderline* (isso é seu, não será entregue)
  Descreva na carta tudo o que está sentindo, jogue-se nas palavras nunca ditas, explique como se sente, sinta o que lhe vier à mente enquanto consegue desabafar tudo isso.

Certamente novas percepções lhe virão à mente, sentimentos que você nem imagina surgirão. Pense no que poderá usar no dia a dia com o que aprendeu ao se observar com essa carta.

- *para você mesmo*

  Aqui você escreverá para si mesmo. Imagine-se sendo duas pessoas, uma mais racional e outra mais emotiva. A racional escreverá uma carta para a emotiva e vice-versa.

  O que lhe vem de percepção sobre esses dois lados? Qual lado está mais agressivo e passivo?

  O que você pode usar desses dois lados para se ajudar e ajudar a quem ama?

- *para a sua culpa*

  Imagine que a sua culpa poderá ler o que você sente. Diga a ela tudo o que sente, sem esconder nada; pergunte-lhe coisas, questione; nessa carta você pode tudo.

Escreva essas cartas para todos os sentimentos mais fortes em você. Aprenda a entender as suas fragilidades e lidar com elas.

O autoconhecimento só lhe trará benefícios e saúde.

Ajudar de verdade o outro começa com a ajuda necessária a nós mesmos.

Montando um grupo de familiares de borderline

Vamos pensar em trocar experiências, ajudar, aprender e ensinar?

A ajuda mútua é um ótimo remédio, uma forma nítida de saber que não estamos sós e que outras pessoas compartilham dessa dor.

O primeiro passo é pensar onde iniciar o grupo. Este pode ser feito em espaço físico e em salas de internet. Vocês podem inclusive iniciar pela forma mais fácil (uma página, grupos em whatsapp) e, posteriormente, marcar reuniões presenciais em sua região.

Pratique o desabafo; aprenda a ouvir o outro; na maioria das vezes serão histórias parecidas, outras vezes, muito diferentes.

Respeitem cada um a sua dor, e a próximo, nenhuma dor é mais forte do que outra e toda dor deve ser respeitada ao máximo.

Sugiram temas semanais para discutirem, coloquem suas posições, dividam ideias e ideais, usem os ensinamentos deste livro e passem adiante, comentem os exercícios e as modificações que estão sentindo, as melhoras.

Inicie isso hoje mesmo, monte sua página, divulgue, modere, compartilhe.

O aprendizado rápido que vocês terão com a troca valerá mais do que anos de experiência de vida, acredite!

Evitando o transtorno em seu filho

Há como prevenir que meu filho pequeno desenvolva o transtorno?

Sim, certamente! Você pode prevenir o transtorno ou torná-lo muito mais ameno, caso ele venha a desenvolver esse tipo de personalidade.

Trabalhe com a criança o tempo todo a desconstrução do herói x anti-herói.

É de extrema importância que ela saiba desde cedo a não se conduzir ao *splitting* (mecanismo de 8 ou 80).

É preciso ficar claro que os heróis são personagens fictícios e não reais, e que as pessoas reais possuem o bem e o mal dentro delas.

Nunca diga:

"O seu pai não presta; seu amigo é um monstro; você é muito melhor; você é pior que os outros".

A alienação parental pode ser um passo para o transtorno, então lembre-se de que numa separação, os seus filhos devem entender o amor de ambos os pais e não ser obrigados a optar entre um ou outro.

Ao se sentirem frustrados com algum professor ou colega da escola, explique-lhes cuidadosamente sobre as possibilidades do porquê esses fatos terem acontecido.

"A professora maldosa pode ser uma mulher triste, certamente não está agindo de forma correta, mas a intenção não é atingir você."

"O amigo que pratica *bullying* será certamente recriminado, porém não será ele uma vítima por sentir-se inferior a você? Como você acha que pode reverter esse quadro?"

Use sempre essa técnica com as crianças, nunca incentive a ideia de monstros e santos. Uma criança amada e respeitada não precisa ser mimada.

Ela precisa sentir que existe aconchego e nunca o excesso ou o nada. Valide-a e ajude no que for preciso, mas nunca a deixe sentir-se vítima do mundo ou a melhor de todos. Não crie um adulto sem chances de pensar e refletir sobre a complexidade do outro ser humano.

Numa sociedade tão polarizada, incentive-a a enxergar sempre o meio-termo em tudo.

É importante que seu filho tenha a consciência de que é diferente de você. Não tente fazer dele uma pequena extensão sua, respeite os gostos e opções dele, mostre que você e ele são diferentes nas escolhas e que isso é saudável.

Valorize e apoie os gostos dele, mesmo que sejam diferentes dos seus, não tente moldar uma identidade nele, perceba quem é e valide de forma positiva as escolhas particulares dele.

Evite, ao máximo, as comparações entre filhos ou afirmações do tipo: "Seu irmão é mais inteligente, tirou uma nota melhor", "Sua irmã é mais bonita".

Por melhor que seja a sua intenção, a comparação gera uma sensação de rejeição imensa.

No caso de seu filho passar por um bullying complicado na escola, não faça descaso da situação. Vá até o estabelecimento e converse com as professoras, diretora, etc. e, principalmente: converse com o seu filho e garanta que ele não é fraco, gordo, burro... Fortaleça sempre o ego dele, acredite nele e mostre isso a ele.

O mundo não é perfeito, sim, ele precisa saber disso desde cedo. Mas precisa saber que é preciso ser forte e lutar todos os dias num mundo cheio de incertezas, tristezas e alegrias também.

Não puna, ensine. Eduque, não machuque.

Jamais pratique chantagens emocionais com ele, seja sempre o mais direto e objetivo possível; meias palavras e indução à culpa podem gerar sofrimento e o início de uma péssima autoestima.

They're possible

Muitos profissionais de saúde mental se recusam a atender o borderline.

Se você sente que não consegue entendê-lo de fato, não atenda! É preciso gostar de trabalhar com eles e saber que a luta e paciência necessária são diárias.

Caso você deseje iniciar o tratamento com o borderline, espero que tudo o que leu até aqui tenha ajudado na melhor compreensão deste.

Você agora tem material para usar em consultório – material este que também utilizo o quanto se faz necessário – precisamos nos unir para ajudar e não nos separar.

Quando criei o método costura (será fielmente descrito no próximo livro), visualizei uma forma e fórmula nova para a cura do borderline. Ainda temos muito chão pela frente e peço a ajuda de vocês para que observem aquilo que não observei, acrescentem, debatam, apliquem.

Em um próximo livro, estarei abordando o método completo, para aqueles que realmente se interessam por uma investigação mais profunda dos transtornos de identidade e suas possibilidades de cura.

Acredito ser mais conveniente um novo livro sobre o assunto, destinado exclusivamente aos profissionais.

Todo material de exercícios do capítulo "You´re possible" já pode ser usado por você em consultório com o borderline, de forma muito mais extensa e detalhista, então sugiro que anote todos os exercícios citados.

Caso tenha interesse em supervisão para o atendimento ao borderline, estou à disposição.

Todos somos possíveis na ajuda mútua, empatia, compreensão do outro, responsabilidade como profissionais que buscam um maior sossego aos analisandos.

Amém!

Relatos de cura

Ana, 34 anos (está escrevendo um livro sobre a sua cura)
Nunca acredite, nem por um segundo, que não tem cura, que só há controle de sintomas. Que passa com a idade. É tudo besteira. Há, sim, cura e há, sim, a completa possibilidade de se viver uma vida normal, sem o eterno pavor de se exceder, de lidar com a imprevisibilidade de emoções e de adotar comportamentos destrutivos.

Só haverá sucesso no tratamento enquanto houver plena convicção de que a cura é, sim, possível, palpável e constatada em outros seres humanos, apesar das inúmeras opiniões contrárias que estão por aí na internet, em livros e, pior, diariamente em consultórios de psicólogos e psiquiatras mal preparados para lidar com essa doença.

Fui diagnosticada com Transtorno de Personalidade Borderline (TPB) em abril de 2017, e a cura foi alcançada em março de 2018. Foi em menos de um ano que, com bastante trabalho da minha maravilhosa psicanalista Taty Ades e uma imensa dedicação e empenho da minha parte – mesmo quando as coisas pareciam não ter jeito –, chegamos lá.

Vivi 32 anos da minha vida tendo certeza de que eu era apenas uma pessoa raivosa, nervosa, com personalidade forte. Era assim que as pessoas me descreviam, era assim que eu parecia para mim e para todos. Como algo com que não tem muito o que se fazer, afinal, nasci assim. Mas a verdade é que, até determinado momento da minha vida, eu não era assim... Então, como justificar que nasci assim?

Nunca havia parado muito para refletir sobre isso. Apesar de ter causado imensos danos a pessoas que amava, a mim mesma e a bens físicos, não achava que eu tivesse um transtorno psicológico. Talvez fosse apenas negação, já que estava claro para mim, por anos, que as minhas atitudes estavam longe de ser consideradas normais. Mas realmente acho que o imenso problema de um borderline é que ele é exatamente isso: borderline (limítrofe). Está entre a neurose e a psicose, não tendo comportamentos muito claros de uma pessoa maluca que precisa de cuidados urgentes.

Até o fim da adolescência, então, nem se imagina que um border possa ter uma doença psicológica. Adolescentes são dramáticos, instáveis, é normal quebrarem coisas, agredirem pessoas, física ou verbalmente. No início da vida adulta, esse comportamento que se mantém pode muito bem ser de uma pessoa que é simplesmente imatura.

E essa demora no diagnóstico é apenas mais maléfica para todas as pessoas envolvidas. Inúmeras pessoas que machuquei, inúmeras oportunidades que não serão mais a mim devolvidas e, pior do que tudo, o mal que causei a mim própria – a única pessoa que garantidamente será a única com a qual terei de conviver pelo resto da minha vida.

Contarei aqui a minha história e descreverei todos os passos que segui para deixar o transtorno para trás de vez. Faço isso dentro da filosofia "pay it forward", tentando ajudar tantos de nós que sofremos com o TPB – e somos muitos, mais do que você pode imaginar! –, e só peço para que você, se beneficiada ou beneficiado com o que escrevi, ajude tantos outros borders quanto puder.

"Desconfie do destino e acredite em você. Gaste mais horas realizando que sonhando, fazendo que planejando, vivendo que esperando porque, embora quem quase morre esteja vivo, quem quase vive já morreu."

Sarah Westphal

Eu quase morri. Mas estou viva. Decidi desconfiar de tudo que pensava sobre mim e acreditar em uma cura. Resolvi viver em vez de esperar melhorar. E muito embora eu, de fato, tenha quase desistido de tudo e morrido, ainda vivo, e vivo bem viva.

Foram muitos relacionamentos malsucedidos, muitos surtos, muito choro, muita raiva. Muitos amigos, muitos namorados, muitos colegas, muitos familiares, quantos se afastaram!

E, até 2017, eu me via como uma pessoa altamente emotiva, apenas isso.

Não sei como nos enganamos tanto: não queremos ver, queremos encaixar as nossas dúvidas em caixinhas conhecidas, viver em uma zona de conforto que não vai nos levar a evolução alguma.

Perdi a conta de quantos amigos afastei por ter me excedido nas palavras e nos gestos, por motivos dos mais imbecis possíveis: desde perder em um jogo, não conseguir colocar a minha música no som, até ter um programa furado de última hora. O Arnesto do samba teria sofrido tanto na minha mão! E os namorados? Foram muitos. E cada um sofreu mais que o outro na minha mão. Um ciúme doentio, desconfianças de todo o gênero, muita gritaria, coisas arremessadas, tapas, socos e infinitos arranhões. Xingamentos contra familiares, escândalos em público, ameaças de suicídio.

E, depois de cada um dos episódios, eu sofria. Era uma culpa que não cabia em mim. Era tão forte, tão forte, que às vezes dava vontade de morrer.

Minha vida amorosa sempre foi um poço de desgraça. Escolhia namorado de qualquer jeito. Tinha tanto medo de ficar sozinha para sempre (veja, isso desde que eu tinha 14 anos), que o primeiro que aparecia servia. Nunca gostei de verdade de nenhum deles, e foi então que conheci, em 2016, um cara que fez mudar tudo.

Não fez mudar tudo porque era o mais bonito, o mais bem-sucedido, o que mais amei. Nada disso. Era o mais frio, o mais racional e menos romântico de todos.

Nossos embates eram constantes: dia sim, dia também. Ficou claro, claríssimo, que eu tinha um problema. Não parecia normal ter ataques de fúria diários, agredir tanto alguém, fazer tantos escândalos, estraçalhar objetos... não poderia ser apenas emoção demais.

A frieza dele atiçava dentro de mim alguma coisa longe do normal.

Resolvi então fazer terapia, nos altos dos meus 30 e poucos anos de idade. Fiz buscas e buscas no Google de terapeutas especializados em casos semelhantes ao meu (sem nem saber direito o problema que eu tinha). E cheguei resolvida ao consultório da Taty. Resolvida a me curar do que fosse aquilo que me atingia. Resolvida a levar a coisa a sério. Resolvida a gastar o dinheiro que eu tivesse no melhor investimento do mundo: a minha saúde.

E foi então que, em abril de 2017, fui finalmente diagnosticada: TPB. Transtorno de Personalidade Borderline.

O TPB é uma doença cruel. É cruel porque não é óbvia. Não é como esquizofrenia, TOC, anorexia, em que os sintomas estão claros. Ele pode passar por anos despercebido, travestido de simples raiva, de simples sensibilidade aguçada e até de TPM, no caso das mulheres.

Ao entender sobre a doença, vi que eu apresentava a totalidade dos sintomas:

- Medo do abandono: ✔
- Raiva intermitente: ✔
- Mudanças de humor: ✔
- Interior vazio: ✔
- Hábitos ruins: ✔
- Comportamento impulsivo: ✔

- Autodepreciação: ✔
- Julgar o presente com a lente do passado: ✔
- Intenções suicidas: ✔

Além da terapia, eu li muito, pesquisei demais sobre o assunto, com a total vontade de vencer aquele mal que me consumia. O mais triste era ler autores que defendiam que era uma doença sem cura. Bom, eu nunca acreditei nisso, nem por um segundo.

Eu ia me curar. Eu vou me curar. E não importa o esforço que eu tenha de fazer.

Na terapia, foi um processo difícil. Foram inúmeras conversas, regressões, dramatizações e muitos desenhos. Até descobrir a causa daquilo tudo.

De forma bem leiga, aprendi que o borderline tem algum episódio relacionado a um abandono que planta uma sementinha do mal em seu cérebro, que vai então gerar os comportamentos anômalos dali para frente.

Descobri que a causa do meu transtorno foi a saída do meu pai de casa. Meu pai era o meu super-herói, minha pessoa preferida do mundo. De repente, não mais que de repente, quando eu tinha 12 anos ele foi embora de casa, sem me dar um abraço, uma explicação, um nada. Apenas fez uma malinha, abriu a porta e foi embora. Na época, eu não chorei uma gota. Fiquei anestesiada. Convencia todo mundo de que nem havia me importado.

E então chorei todo o meu choro atrasado nas árduas sessões de terapia, anos depois.

E isso me marcou tanto que, toda vez que um namorado meu saía pela porta, como se inconscientemente revivendo a dolorosa cena, eu arrebentava tudo que existia por ali: móveis, mochilas, vasos, CDs, rosto, pernas, costas, braços.

Foram meses trabalhando a desconstrução do meu pai. Meses trabalhando na culpa gigante que eu carregava dentro de mim. Meses trabalhando a minha autoestima.

Além da terapia, ajudou bastante escrever um diário, fazer meditação, praticar atividades físicas e ouvir podcasts de autoajuda.

Gostaria de dizer que não somos poucos. Os livros não chegam a um consenso. Alguns falam em 1,5%, outros chegam a 20% (vulgo um quinto!) da população mundial como sofredoras do TPB.

O primeiro passo é admitir que você tem uma doença. E que está tudo bem, não é sua culpa em nenhum grau. Depois, a boa notícia é que, como a maioria das outras doenças, você pode ir atrás do tratamento, com a possibilidade da cura ou, pelo menos, uma gigantesca melhora do quadro.

Se eu tivesse, desde o divórcio dos meus pais, frequentado sessões de terapia, teria economizado muita dor e sofrimento a muita gente.

Vamos nos tratar, nos perdoar e sermos felizes. É a melhor coisa que podemos fazer por nós mesmos e por aqueles ao nosso redor.

Vera, 27 anos: Borderline – o padrão

Hoje, depois de todo o processo, quando paro para lembrar, meditar e registrar sobre todo o ocorrido, toda a luta, eu me recordo de quando comecei a perceber em mim sentimentos muito atenuados, sendo eles fortes, ou fracos, me deixando feliz, eufórica, ou triste, e bem pessimista muitas das vezes. Lembro-me que até eu descobrir o padrão da doença, todos ao meu redor eram diferentes de mim, conseguiam se controlar bem, da razão à emoção e vice-versa.

Então, o fato era que eu me cobrava demais da conta, e sentia que era uma pessoa com uma personalidade horrível, com falta de caráter e moral, e devido a eu ter aprendido princípios bíblicos que contêm uma moral mais exigente que a comunidade em geral, eu me sentia ainda mais impura cada vez que me sabotava e sabotava, ou ainda pior, pensava que era só uma questão dentro de mim, de estar tentando ser mais espiritual ou não. Mas enfim descobri que não era, e hoje consigo me perdoar mais, por entender e ter achado o tal padrão, achado outras pessoas iguais a mim. Uma vez desconfiei muito disso, na recepção de uma clínica comum, ouvindo uma funcionária desabafar comigo toda sua vida.

Sim, vi que ela estava desesperada, sem perspicácia, fiquei com dó, era igual a mim... e fui confirmando cada vez mais quando meu esposo descobriu a diferença do borderline para o bipolar, e fomos me analisando cada vez mais e mais...

Indignada, confusa, era quase que inacreditável, na verdade um reflexo quase que perfeito de mim, eu poderia dizer, exceto por umas preferências pessoais. Eu vivia com um conceito dentro de mim sobre DNA de que cada um é bem diferente, e é mesmo, é verdade, porém, quando se trata de doenças psíquicas, podem ter personalidades muito idênticas, e é assim que se descobrem doenças dessa área – horrível o nome, mas sim, não é físico, é no jeito de agir, e ser e encarar as coisas, então é mental.

Bordeline – a capacidade de aceitação

O que impede muitos de ir atrás é o preconceito de acreditar que tem uma doença mental, a dificuldade de aceitação, a raiva de estar necessitando de algo que parece tão óbvio, e às vezes bobo, mas o fato é que, sim, enquanto eu não aceitei, enquanto não entendi o que era, não pude lutar melhor, não pude atingir bem o inimigo, enquanto não o conheci de perto... E pra falar a verdade, nessa jornada da vida, eu fui ficando mais leve, sem esses pesos que antes eu não sabia como soltar, fui entendendo que não estava só, que muitos na verdade estavam lutando que nem eu, lutando consigo mesmos, lutando contra o tempo, tentando se identificar, tentando parar de ser o seu pior inimigo.

Assim, pude acreditar que se existia um padrão, com certeza poderia existir uma receita, uma forma de encarar as coisas realmente de forma diferente e se livrar dessa rotina diária, dessa tortura toda... Foi muito difícil para mim, mas entendi que o jeito com que encaramos as coisas, o nosso ponto de vista, independentemente das circunstâncias, pode nos fazer sentir totalmente diferentes – basta querermos, sim! Não precisa que tudo mude – as pessoas ou as oportunidades; não precisamos que os eventos na nossa vida tenham sido diferentes para que possamos ser agora quem queremos ser. Nos assusta descobrir que o que precisa mudar é apenas nosso ponto de vista, nem mesmo os erros.

Me assustei e fui menos exigente quando descobri que sou capaz até mesmo de cometer os próprios erros que cometeram comigo, e que na verdade o que eu preciso é parar de revivê-los. Sim, já fui a inocente, mas também a vilã, já fui injustiçada, e parei para analisar que cometi várias injustiças, das quais tenho medo de muitos saberem, na verdade.

Com tudo isso em mente e parado diante de mim, meditando em mim, nas minhas ações, eu consegui entender que precisava me dar uma identidade, ser alguém. As reclamações e sofrimentos estavam me envelhecendo, e nenhum conteúdo estava ficando no meu corpo, só um vazio. Sonâmbula, no piloto automático, era como eu estava levando minha vida, então comecei a agir.

Borderline – as raízes

Entender como tudo começou faz parte, pode ser chato e ruim, ou até nos sentirmos aliviados quando falamos sobre o princípio de tudo; e é importante entender, compreender se você tem até certo ponto motivos bem comuns para sentir tais emoções, ou se elas estão extrapoladas mesmo. Assim, você precisa chegar ao senso comum de que algo te fez assim, e aí entender melhor o distúrbio, entender que sob várias circunstâncias é inevitável não acabar se desestruturando. Isso, na verdade, prova o quanto somos humanos, e por vezes sentimentalistas, mas o que ocorre é que o choque da emoção às vezes atrapalha e muito para que voltemos ao equilíbrio necessário.

Para eu identificar pontos fortes sobre a separação dos meus pais; a convivência forçada com os avós; o novo casamento da minha mãe; a nova filha do meu pai; resolver problemas dos pais para manter a paz, em vez de contar os meus próprios; entender que não tinha um ambiente de segurança onde eu pudesse falar sobre namoro ou o que eu tinha vontade de fazer na vida, sem parecer que estava ofendendo qualquer um ao meu redor; identificar que tudo isso no decorrer da minha criação tirou algo de mim foi bom, porque eu parei de cobrar demais de mim, ao mesmo tempo que eu quis entender que tenho capacidade de me dar essas coisas que talvez esperasse de outros... Outros que durante todo esse meu processo também passavam por algo ruim na vida, ou novidade, ou surpresa, ansiedade, que como adulta hoje, me colocando no lugar deles, eu acho que talvez tivesse feito o mesmo. O fato é: ainda bem que a gente cresce – mas não estou falando de idade, não –, ainda bem que a gente amadurece mentalmente, porque assim inibimos os problemas forçados, que estão além do nosso controle, e podemos planejar mais animados a vida, com expectativa e esperança.

Agora, olhando para trás, eu sei onde começou tudo isso. Eu sei que foi quando na minha cabeça, mesmo com 7 anos de idade, achei normal a ideia de que meus pais se separassem, porque eles estavam se agredindo fisicamente, e eu tinha certeza do amor do meu pai por mim, já antecipava que ele iria me ver de 15 em 15 dias mesmo e que nada iria mudar entre a gente, porque eu sabia que minha mãe e meu pai me amavam demais. Só que, para minha surpresa, tudo saiu do *"meu controle interno"*. De repente, meu pai separa, e de 15 em 15 dias eu via era uma tia chata que esfregava na nossa cara o tanto que a gente era pobre e eles não... me irritava o tempo todo me chamando de "cara de cú", eu odiava isso. E quando voltava para casa – casa não, fazenda – dos avós, porque não me sentia em casa, não podia ligar televisão sem pedir, não podia ficar dentro de casa, tinha que amarrar vaca quase faltando 10 minutos para a Kombi passar e ir fedendo a leite e vaca para escola, e lá eles também me xingavam de "Elismar 2".

Então o amor que eu achava que ia ter dos dois lados, se perdeu bem perdido, e o meu pai ainda pior, talvez num "surto psicótico" – tento acreditar nisso, porque ligava sempre pra gente, não nos abandonou no sentido de contato, que era o que dava pra fazer na época –, ligava sempre, mas... dos Estados Unidos...

Então, hoje, sinto que começou aí a sensação de abandono, junto com a frase "Vocês dão despesa demais, tem que morrer de trabalhar pra gente parar de te xingar um pouco", e logo depois a minha mãe, com aquela cara de que não ia fazer nunca nada de errado, arruma o pior homem de todos, devia ser o nono casamento dele, isso pra provar o tanto que ele era bom. Ela larga a gente na roça e vai morar com ele. Nunca comprou bolacha, nem miojo que amávamos pra gente, e começou a comprar pro filho dele, se fazendo de madrasta boa... Aí ele decidiu estudar a bíblia, mas de fachada, porque ele me cantou, e falou muitas coisas obscenas pra mim, mas graças a Deus, Jeová me protegeu porque não aconteceu nada com a gente.

Em seguida, ele larga a roça e abre um mercado, e eu e a Renata pensando que poderíamos pelo menos pegar algo de guloseima, de vez em quando. Mas quando pegamos um chiclete na frente dele, ele chamou a gente de ladras.... Aí a gente muito reprimida, não podia fazer nada, nada mesmo... nem beber refrigerante no domingo, mas cerveja para eles podia. A única televisão ficava no quarto deles, e pra assistir filme a gente ficava no chão... sem colchão, e não podia pôr coberta no chão. E eu nunca contava nada pro meu pai, tentando manter a paz entre ele e minha mãe. Depois meu pai voltou, e casou também de novo, e eu já não era mais a caçula, ia ter outra filha.

Meu Deus do céu, que dificuldade, eu nunca lidei com criança, agora teria que rir sem parar para uma menina que estava tendo tudo com ele o que eu não tinha mais, eu sempre ficava assim calma, calma, calma, o que você pode fazer? Tadinha dela, ela não pediu pra nascer, e não pediu mesmo, e quando ela passou dos 8 anos com ele, e eu a vi com 9, com 10, com 11, 12, e agora com 13 anos... A cada ano eu penso: "Como teria sido eu com ele, por que ele não viveu junto com a gente?" Penso nas oportunidades que ela vai ter em tudo, e eu não; vejo ela tratar meu pai com muita falta de educação, sentir ciúme também, e meu Deus do céu, quanto agonia, e o controle que temos que ter, viu...

Tá, e não foi só isso de ficar calada diante de tudo, aguentando as coisas horríveis que nos faziam todo tempo. Depois teve a adolescência, em que eu me achava linda demais, e podia namorar quem quisesse, né? Escondido ou apanhando, e claro da mãe, e larga quando quisesse também? Até que entrei numa relação complicada, em que na verdade cheia de confusão ele disse não dá mais, isso me marcou demais da conta, também... acho que isso também foi um grande choque de realidade pra mim, tá certo que o argumento foi: "Nossos mundos são diferentes demais" e eram mesmo, eu nunca me adaptei aos amigos dele, e a bebedeira, e ele nunca se adaptou ao salão do reino e as coisas de Jeová...

e à ideia de casar certinho e tal. Mas o fato é que ele disse "chega", e não eu.

Me senti um horror... Mais uma vez um lixo, afinal, minha vida só teve um comecinho de largar pais e deixar o passado sofrido para lá quando eu arrumei esse namorado, então ter sido deixada por ele assim, mesmo tudo sendo tão realista, eu pensei que ele era a pessoa que jamais iria desistir de mim, me abandonar, e ele fez isso, eu me senti sem chão... foi isso daí que também marcou minha vida, é claro, mas há males que vêm para o bem.

Enfim, dou graças a Deus hoje por não estarmos juntos mesmo, não teríamos tido uma vida feliz de jeito nenhum. Tudo foi muito além, nunca contei pra ninguém, mas uma vez rolou até tapa na cara, então não ia prestar, né? Era muito conturbado, cheio de maluquices, desobediência, desaprovação dos pais, e tudo o que uma rebelde fazia, enfim. Sem princípios que eu tanto tentava e tentava e ainda bem que tentava pôr em prática, porque enfim alguém disse "chega"...

Depois de tantas coisinhas daqui e dali, acho que pais, relacionamento e formação, são o que compreendem a vida de uma pessoa, são coisas que compõem a gente, e na minha eu abandonei tudo, e fui abandonada. No quesito formação, eu era uma excelente aluna, sempre, houve uma época em que a sala inteira ficou de recuperação e só eu não, passei na federal, curso técnico para fazer junto com ensino médio. Como comecei com dois anos e meio, eu iria terminar com 16 anos tudo...

Mas aí saí da escola e fiquei dois anos sem estudar, só trabalhando meio deprimida, querendo só me afundar o tempo todo... me lembro claramente até hoje, mas eu joguei tudo fora mesmo.

Bom, hoje eu não dou valor a educação superior, então não lamento muito, porém sinto que perdi o tempo que poderia ter dado valor enquanto pelo menos eu estava lá, feito direito, para me lembrar de algo, talvez.

Borderline – diagnóstico

Fiz uma coisa direito na minha vida ainda no piloto automático: escolhi um bom cônjuge devido aos princípios que aprendi, da bíblia de Deus. Acredito que ele esteve com os olhos em mim, não me abandonou. Ele me observava todo o tempo, aquela criança pensando no sentimento dos pais, sobre a separação em vez do que queria; ajudando os avós, tendo empatia pela idade deles, embora jovem até demais para o tipo de trabalho, aplicando o que já sabia dos princípios desde criança, por conta própria, não por exigência de alguém.

Mesmo com bastante fome depois do curral, mas não se importava de negar o frango estrangulado no prato, a única coisa com arroz, mas eu preferia só o arroz do que desobedecer às normas que considero justas de Jeová com respeito ao sangue... Sim, eu preferi não desobedecer a Jeová, e me lembro com orgulho disso hoje, eu só queria agradar e fazer o que sabia ser certo. Hoje, quando analiso tudo, eu sei que tinha alguém cuidando de mim, sou grata, e hoje vejo os pontos positivos de tudo isso... Tento lembrar do passado assim, com coisas que consegui fazer de bom; apesar de tantas circunstâncias ruins ao redor, apesar de tanta má influência e falta de orientação, tento lembrar que consegui fazer boas escolhas.

Meus avós também nunca foram exemplo de bom casamento, minha mãe nunca me ensinou a cozinhar, e meu pai nunca aprendeu a ser pai, nem mesmo agora, porque ele tem medo de conversa e de viver o presente, e fica falando do passado o tempo todo, fala mal da minha mãe com gracinhas, e nunca conseguiu me fazer perguntas decentes, e aprofundar-se na minha companhia para me conhecer melhor.

Com o tempo, deixei que essas coisas trouxessem um efeito negativo sobre mim... dei atenção demais a elas, e sei que desenvolvi o Borderline de fato, fiquei muito carente, com medo de ficar sozinha, fiz coisas muito insanas que ninguém sabe, ofendi muito a Jeová de um jeito que eu achava que ele nunca iria me perdoar, eu ficava frisando para mim que eu não prestava e pronto; eu era muito promíscua e percebi que esse também pode ser um ponto alto da personalidade do "padrão", mas lutei contra tudo isso e ainda continuo, porque não para por um dia e pronto, está vencido... Afinal, eu posso começar a culpar outros e circunstâncias a qualquer momento, em vez de me concentrar no que eu posso fazer de bom para mim...

O Borderline é quando você é muito dependente e simbiótico a alguém ao seu lado, e você não cria sua própria vida, e acho que por medo de acreditar que ela existe, seja porque está sendo ruim no momento, ou porque você não consegue simplesmente dar continuidade, paralisa.

Parece que é muito comum se entregar demais a romance, agir por impulso, ou só observar em vez de sentir. Você não existe ainda, e no espelho às vezes olha para aquele reflexo e fica tentando afirmar: "É! É você! Não tá vendo? Tem sentimento que desconhece de si próprio; numa tentativa assustadora de se achar, vive sem querer a vida daquele que estiver mais próximo... Nunca para para analisar o que gosta ou o que quer, vê que a maioria das coisas que faz, foi porque viu alguém fazer, ou alguém sugeriu, mas nunca admitiu ou pensou numa preferência pessoal.... É, se descobrir leva tempo, e concentração.

E ainda como parte dessa personalidade, me deparando com várias pessoas que descobri à minha volta, ainda achei pontos significativos como o de se expressar ou escrever de um jeito único, com suas palavras num significado próprio, além de viver muitas das vezes de maneira devassa como citei aqui; tem também facilidade de amizade com o sexo oposto, e ser o líder da situação mesmo que de maneira interna.

Mesmo que uma situação externa não lhe permita se expor espontaneamente, internamente tomamos conta e vivemos sempre girando em torno de nós mesmos de modo egocêntrico, como se tudo fosse feito para nós, nos observando ou nos atingindo, um círculo vicioso que quando nos desprendemos dele, vemos que há outros indivíduos, outros sofrimentos, outros sentimentos que estão acontecendo e ao mesmo tempo.

Bordeline – alcançando a cura

Acreditar que você pode mudar seu jeito de pensar, depois de tantos anos, não é para todos; só para quem realmente tenta, e percebe e entende que não depende de nada além de você.

Tive que aceitar muitas opiniões que antes me incomodavam bastante, mas faziam sentido, pelo simples fato óbvio de que se meu jeito não estava funcionando, precisava ser mudado, e talvez fosse totalmente o oposto de meu jeito de pensar mesmo.

É claro que sou muito grata por, hoje, ter um familiar próximo, que se interessa muito pelo meu bem-estar: o meu esposo. Ele se preocupa com meu lado emocional, graças a Deus estamos sob um mesmo jugo também, pois hoje temos os mesmos princípios bíblicos, e isso nos ajuda muito com o entendimento e responsabilidade e o respeito de um casamento, de um cônjuge para com o outro.

Por isso, posso dizer que tive a sorte de alguém me ajudar a me interessar pelo meu próprio bem-estar, e aprendi que deveria cuidar mesmo de mim e identificar as coisas que estavam me atrapalhando em várias áreas da minha vida.

Entendi que devo amar, mas também me amar, e me sentir amada; aprendi que tenho minha própria vontade e desejos, minha personalidade, meu eu além de qualquer um, estou me empenhando em experimentar isso na minha vida cada vez mais, sem ansiedades, e pressa, sem me preocupar com o julgamento do outro a meu respeito, porque descobri que é meu autojulgamento que me faz sentir bem ou não, são a atenção e o tempo que tiro para mim mesma que fazem eu me conhecer cada dia mais, ter uma vida, não apenas sobreviver diante de tudo isso, mas viver, ter prazer em estar aqui. Não somente observar, mas poder sentir.

Observar como tenho vencido essa luta à medida que vivo tem me ajudado a enxergar o quanto isso é real. O fato de eu sempre querer me ajustar a princípios bíblicos desde a infância prova que eu já tinha aí um começo de personalidade, estava definindo quem eu era; assim como o fato de ter decidido que o álcool sairia de minha vida por completo – apesar da bíblia não exigir isso, e ter cumprido com esse voto interno – me fez ver o quanto posso estar comprometida comigo mesma, ser alguém com características, querer ter um casamento feliz e fiel, querer cuidar do meu emocional e parar para visualizar como ajo em várias áreas da vida – profissional, espiritual, mental –, prova para mim que eu não estou à deriva, como que vivendo de maneira devassa, sem sentido como antes, sem saber o que me aconteceria dali a algumas horas... Criar esse meu novo universo me torna ciente de que eu acordei para a vida, que não estou me levando à loucura, que sei bem quem eu quero ser, e que hoje sou uma ex-borderline.

Outros livros da mesma autora...

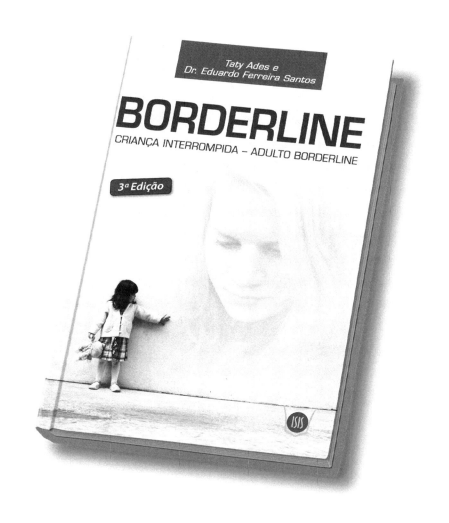

Outros livros da mesma autora...

Outros livros da mesma autora...

Outros livros da mesma autora...